MARCO POLO

Madeira
Porto Santo

Reisen mit **Insider Tipps**

Diesen Reiseführer schrieb Rita Henß,
Autorin und Madeira-Kennerin,
die mehrere Monate im Jahr auf der
Insel lebt.

marcopolo.de
Die aktuellsten Insider-Tipps finden Sie unter
www.marcopolo.de, siehe auch Seite 96

MAIRS GEOGRAPHISCHER VERLAG

SYMBOLE

 MARCO POLO INSIDER-TIPPS:
Von unserer Autorin für Sie entdeckt

★ **MARCO POLO HIGHLIGHTS:**
Alles was Sie auf Madeira kennen sollten

 HIER HABEN SIE EINE SCHÖNE AUSSICHT

🏃 **WO SIE JUNGE LEUTE TREFFEN**

PREISKATEGORIEN

Hotels		Restaurants	
€€€	über 100 Euro	€€€	über 20 Euro
€€	60–100 Euro	€€	12–20 Euro
€	bis 60 Euro	€	bis 12 Euro

Die Preise gelten pro Nacht für zwei Personen im Doppelzimmer mit Frühstück.

Die Preise gelten für ein Essen mit Vor-, Haupt- und Nachspeise ohne Getränke.

KARTEN

[108 A1] Seitenzahlen und Koordinaten für den Reiseatlas Madeira

Zu Ihrer Orientierung sind auch die Orte mit Koordinaten versehen, die nicht im Reiseatlas eingetragen sind.

Eine Karte zu Funchal und einen Busfahrplan finden Sie im hinteren Umschlag.

GUT ZU WISSEN

Madeirensische Spezialitäten **20** · Korbschlitten **42** · Lesetipps **49**
Einsame Spitzen **62** · Entdeckungslegende **71** · Windmühlen **80**

INHALT

DIE BESTEN MARCO POLO INSIDER-TIPPS	vorderer Umschlag
DIE WICHTIGSTEN MARCO POLO HIGHLIGHTS	4
AUFTAKT	7
Entdecken Sie Madeira!	
Geschichtstabelle	8
STICHWORTE	13
Quintas, Levadas und Azulejos	
ESSEN & TRINKEN	19
Espada und Espetada	
EINKAUFEN	23
Filigranes, Florales und Flüssiges	
FESTE, EVENTS UND MEHR	24
FUNCHAL	27
Alles trifft sich in der Fenchelbucht	
DER SÜDEN	45
Von der Küste ins Hochmoor	
DER NORDEN	55
Wilde Kulisse, herrliche Blicke	
DER OSTEN	65
Kontraste satt und viel Geschichte	
PORTO SANTO	75
Schönheit aus Sand und Fels	
AUSFLÜGE & TOUREN	83
Ein Paradies für Wanderer	
SPORT & AKTIVITÄTEN	89
Von Biken bis Putten	
MIT KINDERN REISEN	93
Staunen über das Abenteuer Natur	
ANGESAGT!	94
PRAKTISCHE HINWEISE	95
Von Auskunft bis Zoll	
SPRACHFÜHRER	101
REISEATLAS MADEIRA	105
KARTENLEGENDE REISEATLAS	107
MARCO POLO PROGRAMM	125
REGISTER	126
IMPRESSUM	127
BLOSS NICHT!	128

Die wichtigsten
Marco Polo Highlights

Sehenswürdigkeiten, Orte und Erlebnisse, die Sie nicht verpassen sollten

1 Levadas
Am Saum uralter Bewässerungsrinnen hineinwandern ins grüne Herz der Insel (Seite 15)

2 Espada und Espetada
Madeiras Nationalgerichte – probieren Sie den schwarzen Degenfisch mit Banane und das Rindfleisch vom Lorbeerspieß (Seite 19)

3 Festa da Flôr
Mit einem Blütenkorso begrüßt Funchal den Frühling (Seite 25)

4 Silvesterfeuerwerk
Atemberaubende Lichtmalereien über der Bucht der Inselmetropole (Seite 25)

5 Mercado dos Lavradores
Ein Paradies der Früchte und Blumen im Herzen Funchals (Seite 31)

6 Reid's Palace
Stilvoller Fünf-Uhr-Tee oder nur ein Cocktail – die schwarz-weiße Hotelterrasse mit Meerblick ist ein Muss (Seite 36)

7 Blandy's Garden
Ein herrlicher Park: einheimische Vegetation paart sich mit englischer und französischer Gartenarchitektur (Seite 39)

Reid's Palace in Funchal

Auf dem Mercado dos Lavradores

 Korbschlittenfahrt
Auf Kufen geht es wie vor hundert Jahren auf der Straße von Monte hinab nach Funchal (Seite 43)

 Paúl da Serra
Eine Hochmoorlandschaft wie in Schottland – mit atemberaubenden Ausblicken (Seite 48)

 Lavapools
Porto Moniz hat die schönsten. Wellenumtoste Badefreuden in den Naturschwimmbecken (Seite 57)

 Casas de Colmo
Die strohgedeckten Hütten sind das farbenfrohe Wahrzeichen der Region Santana (Seite 58)

 Grutas de São Vicente
Erdgeschichte hautnah – in den Vulkangrotten wird Madeiras geologische Entstehung sichtbar (Seite 60)

Levada Ribeira da Janela

 Museu da Baleia
Die kleine Sammlung in Caniçal erinnert an den Walfang, den die Madeirenser lange Zeit betrieben (Seite 70)

 Campo de Baixo
Strand, Strand, Strand – Porto Santos gesamte Südküste besteht aus feinem, golden schimmerndem Sand (Seite 78)

 Pico do Arieiro/Pico Ruivo
Madeiras höchste Gipfel – ein herausforderndes Wanderziel (Seite 59 und 83)

 Die Highlights sind in der Karte auf dem hinteren Umschlag eingetragen

AUFTAKT

Entdecken Sie Madeira!

Spektakuläre Natur, mildes Klima und Blütenpracht in allen Farben – für Naturfans ist die portugiesische Atlantikinsel ein echtes Paradies

In kühnem Linksbogen schwebt das Flugzeug über die tiefblauen Wellen. Dann plötzlich ein Schwenk nach rechts – und schon berühren die Räder die Landebahn. *Bemvindo* – willkommen auf Madeira, der grünen Perle im Atlantik.

Jahrzehntelang flogen alle Piloten die gebirgige, knapp 90 km lange Vulkaninsel nur mit der Nase nach Osten an. Dank der neuen, verlängerten und ins Meer hinein verbreiterten Piste, geht es nun auch umgekehrt – also nicht entgegen, sondern mit der Flugrichtung. Atemberaubend bleibt die Ankunft trotzdem. Denn oft taucht die Ponta de São Lourenço, der karge Zipfel der Insel ganz im Osten, unvermittelt unter dem Bauch der Maschine aus einer dicken, grauen Wolken- oder Nebelsuppe auf.

Der ewige Frühling auf Madeira – nein, er ist keine Legende. Aber nicht immer trägt er eine heitere Miene zur Schau. Mild heißt nicht unbedingt sonnig – die saftige Natur kommt nicht von ungefähr. Überdies weist das nur 22 km breite, auf demselben Breitengrad wie

Kirche Nossa Senhora da Luz in Ponta do Sol

Strelitzie oder Paradiesvogelblume

Casablanca und gut 900 km vom Mutterland Portugal entfernt gelegene Eiland beträchtliche Höhenunterschiede auf. Auf dem Pico Ruivo (1862 m), dem höchsten der verwitterten Lavagipfel, liegen die Temperaturen stets deutlich unter denen am Meeressaum. Oft pfeift auf den Höhen und Landzungen ein kalter Wind – zahlreiche Windräder erzeugen dort inzwischen Energie. Seine Puste hält in vielen Fällen aber auch schlechtes Wetter auf, sodass über dem Gipfel blauer Himmel strahlt, während unterhalb alles im Trüben versinkt. Vier Jahreszeiten an einem Tag, so sagen die Einheimischen, seien auf ihrer Insel keine Seltenheit – je nachdem, wie weit man fährt.

Im Inselinneren entsprechen Klima und Vegetation dem Hochge-

Geschichtstabelle

Um Christi Geburt Die Insel ist Seefahrern bereits bekannt, bleibt aber unbesiedelt. Über eine Urbevölkerung weiß man nichts

1351 Unter der italienischen Bezeichnung Isola di Legname (Holzinsel) erscheint Madeira erstmals auf einer Seekarte

1418/1419 Die portugiesischen Seefahrer João Gonçalves Zarco, Tristão Vaz Teixeira und Bartolomeu Perestrelo landen auf Porto Santo und in der Bucht von Machico auf Madeira. Sie nehmen beide Inseln für Portugal in Besitz

ab 1425 Die »Entdecker« verteilen das ihnen als Lehen zugefallene Land an Freunde und Verwandte, verwalten die Insel von Machico und Câmara de Lobos, später von Funchal aus

um 1440 Heinrich der Seefahrer lässt die ersten Malvasier-Reben von Kreta nach Madeira bringen

1497 Funchal wird alleinige Inselhauptstadt

1580–1640 Portugal und somit auch Madeira geraten unter spanische Herrschaft

1703 Portugal und England legen vertraglich ihre Handelsbeziehungen fest. England erhält zahlreiche Privilegien. Der Weinhandel auf Madeira gerät komplett unter englische Kontrolle

1807–1814 Als Reaktion auf die französische Besetzung Portugals während der Napoleonischen Kriege, stationiert England Soldaten auf Madeira. Viele bleiben nach Kriegsende für immer

1891 Eröffnung des Reid's Hotels

1947 Wasserflugzeuge beginnen mit einem geregelten Luftverkehr zwischen Portugal und Madeira

1960 Eröffnung des Flughafens von Porto Santo

1964 Einweihung des Flughafens Santa Catarina auf Madeira

1974/1975 Mit der Nelkenrevolution endet in Portugal die 50-jährige Salazar-Diktatur; die Touristenströme nach Madeira verstärken sich

1976 Madeira erhält als autonome Region einen Sonderstatus innerhalb Portugals

1986 Portugal (und somit auch Madeira) tritt der EU bei

1993 Madeira erhält die ersten EU-Subventionen

2000 Einweihung des erweiterten Flughafens Santa Catarina sowie der neuen Seilbahnverbindung zwischen Funchal und Monte

2001/2002 Zahlreiche neue Tunnel und Hotelanlagen entstehen

AUFTAKT

Blick vom Pico do Arieiro zum Pico Ruivo

birge; es regnet deutlich häufiger als an der sonnenverwöhnten Südküste. Diesen Umstand machten sich schon die ersten Siedler im 15. Jh. zu Nutze. Sie schufen schmale Kanäle, die das kostbare Nass von den felsigen Höhen im Norden auf ihre Zuckerrohrfelder leiteten. Noch heute funktioniert dieses Levada-System. Und die Wartungspfade erfreuen sich inzwischen großer Beliebtheit als weit verzweigtes Netz von Wanderwegen. Zusammen mit den *veredas,* den alten Kopfsteinpflasterwegen, führen sie von den steilen, stellenweise felsig-schroffen Küsten hinein ins grüne Herz der Insel mit seinen wilden Schluchten und Jahrmillionen alten Gesteinsformationen. Nur wenige Menschen leben hier. Aber nahezu nach jeder Biegung blickt man auf ein neues, oft atemberaubendes Panorama. Vor allem im Nordwesten, wo noch Reste des ursprünglichen, von der Unesco inzwischen zum Weltnaturerbe erklärten Lorbeerwalds erhalten sind. Dichtes Grün mit ausladendem Blattwerk, knorrige Baumriesen und wilde, über fast senkrecht aufragende Felswände herabstürzende Bäche sorgen hier für echtes Dschungelfeeling.

Aber Madeiras Naturzauber hat noch viele andere Facetten. Mehr als 700 verschiedene Pflanzenarten wachsen auf der Insel, die seit den 80er-Jahren zu zwei Drittel als Naturpark ausgewiesen ist. Das subtropische Klima lässt Wein auf den in die Hänge geschlagenen Terrassenfeldern ebenso gedeihen wie Bananen und eine Fülle anderer exotischer Früchte. In den Bergen duften wilde Kräuter, Blüten in allen Formen und Farben säumen die kurvigen Straßen.

>> *Der Lorbeerwald gehört zum Weltnaturerbe* «

Die Avenida Arriaga ist die Hauptstraße von Funchal

Fast jeder Dorfbewohner umgibt sein Haus mit Blumentöpfen und einem Ziergärtchen. Die Regierung sorgt regelmäßig für schmückende Vegetation am Fahrbahnrand. Im frühen 19. Jh. wetteiferten vor allem reiche Engländer, die sich – oft auf dem Rückweg aus den britischen Kolonien – auf der portugiesischen Insel niedergelassen hatten oder zumindest dort überwinterten, um die schönsten und außergewöhnlichsten *jardims*. So entstanden um ihre Anwesen die berühmten Gärten und Parks.

Britische Bürger prägten bald auch die wirtschaftliche Entwicklung Madeiras. Sie führten den Weinhandel ebenso zur Blüte wie den Tourismus. Von letzterem lebt – direkt oder indirekt – inzwischen das Gros der rund 255 000 Madeirenser. Landwirtschaft spielt eine immer geringere Rolle; viele junge Einheimische scheuen die schwere, kaum einträgliche Arbeit auf den terrassierten Feldern. Denn selten ist auf diesen *poios* der Einsatz von Traktoren oder Pflügen möglich – die Erde wird nur mit Hacken und Sicheln bestellt. Früher brachten die Bauern ihre Ernte meist persönlich, auf dem Rücken eines Esels oder per Boot, zum Verkauf in die Hauptstadt. Inzwischen steuern die Aufkäufer per Lastwagen die Dörfer an – diktieren allerdings auch den Preis.

» *Kaiser, Könige und Künstler kamen nach Madeira* «

Da es lange Zeit kaum Straßenverbindungen auf der Insel gab – jene an der Nordküste datiert beispielsweise erst aus den 50er-Jahren, so manches entlegene Dorf wurde erst drei, vier Jahrzehnte später für Motorfahrzeuge erschlossen – beschränkte sich auch der Fremdenverkehr zunächst auf die

AUFTAKT

Hauptstadt Funchal und ihre nähere Umgebung. Seinen ersten Boom erlebte er bereits im späten 19. und frühen 20. Jh. Kaiser, Könige, Künstler – alle wollten mit einem Mal einen Teil des Jahres auf der »Blumeninsel« verbringen. Sie kamen aus ganz Europa und sogar aus weiter entlegenen Ecken der Welt. Viele folgten dem Ratschlag ihres Arztes. Denn Madeiras konstantes, mildfeuchtes Klima galt damals als hervorragende Medizin u. a. bei Atemwegsbeschwerden, schwachem Herzen und »nervösen Störungen«. Elisabeth von Österreich (Sisi) war wohl die berühmteste Person in der Riege der Gesundheitsbesucher.

Im 21. Jh. rückt das körperliche Wohlergehen wieder zunehmend in den Vordergrund bei der Vermarktung der Insel. Wellness heißt das Zauberwort. Neue Hotelanlagen mit entsprechenden Einrichtungen wuchsen und wachsen empor – nicht nur in Funchal.

Doch bislang blieb die Metropole auch das touristische Zentrum der Insel. Und so ächzt der charmante, historische Stadtkern in einem immer breiteren Gürtel moderner Architektur, erstickt in den Morgen- und Abendstunden fast im Verkehr. Bis hinauf nach Monte kriechen zudem die neuen (Hochhaus)-Siedlungen, denn trotz hoher Mieten drängt die junge Bevölkerung in die Metropole. Hier gibt es Arbeit – oder zumindest Unterhaltung. Bars, Restaurants, Diskotheken, Großkinos und Shoppingzentren versprechen Abwechslung vom stillen Landleben, dessen ruhiger Rhythmus nur unterbrochen wird

Funchal ist auch das touristische Zentrum Madeiras

durch das eine oder andere Fest. Neue Straßen und Tunnel haben die Wege verkürzt, sodass die engen, über viele Generationen und Verästelungen reichenden Familienbande nicht abreißen müssen, nur weil Sohn oder Tochter nun in der Metropole leben.

Aber nicht nur die Einheimischen, auch Besucher profitieren von der, größtenteils durch EU-Gelder finanzierten Verbesserung der Infrastruktur. Selbst einst abgelegene Orte sind nun in weniger als drei Stunden von Funchal aus zu erreichen; das Unterkunftsangebot unterwegs wurde kräftig ausgeweitet und aufgewertet. Gleiches gilt für Aktivitäten: Ob Golfen oder Drachenfliegen, Surfen oder Tauchen, Klettern oder Mountainbiken – alles ist inzwischen möglich auf Madeira.

Nur eines hat selbst Alberto João Jardim, der die Autonome Region Madeira seit mehr als einem Vierteljahrhundert als Kopf der konservativen Sozialdemokratischen Partei regiert, bislang nicht zu Wege gebracht: einen ordentlichen Sandstrand. Den hat dafür Porto Santo zu bieten, die nur eine knapp dreistündige Schiffsfahrt oder einen kurzen Flugzeughupfer entfernte, wüstenartige Schwesterinsel. Mit den Ilhas Desertas etwa 30 km südöstlich, wo sich inzwischen wieder eine wachsende Population der einst vom Aussterben bedrohten Mönchsrobben angesiedelt hat, und den ebenfalls unbewohnten, rund 250 km entfernten Ilhas Selvagens bildet das ungleiche Paar den Archipel Madeira. Entdecken Sie auf ihm Ihre Lieblingsstellen!

11

STICHWORTE

Quintas, Levadas und Azulejos

Auf Madeira können Sie Eigen- und Einzigartiges kennen lernen

Azulejos

Ob als Fries, Medaillon oder groß-flächiges Wandbild – Portugals blau-weiße Zierkacheln gehören auch auf Madeira zur Bautradition. Die ältesten stammen aus dem 17. Jh., das Gros indes entstand als Kopien Anfang des 20. Jhs. Kirchen, Parks, Brunnen und öffentliche Gebäude schmückte man mit den glänzenden Quadraten. Dekoration einerseits, bilden die *azulejos* andererseits ein Hitze- und Witterungsschild an den Mauern. Weit verbreitet sind heute auch monochrome Industriekacheln und mehrfarbige Kachel mit Blüten- oder Rankenmuster; ein Erbe Brasiliens.

Britisches Erbe

England spielt eine wichtige Rolle in Madeiras Geschichte. Engländer waren es, die im Weinbau der Insel großen Einfluss ausübten – und noch immer fast die gesamte Madeira-Produktion in Händen halten. Ebenso wie eine der beiden Tageszeitungen der Insel, eine Vielzahl von Reiseagenturen und Hotels. Die erste Luxusherberge eröffnete allerdings ein Schotte – Mr. Reid.

Azulejos zeigen sakrale oder weltliche Motive

Das englische Fräulein Phelps kommerzialisierte 1860 die madeirensische Weißstickerei. Und das Gros der ersten Feriengäste kam aus Großbritannien. Kein Wunder, dass diszipliniertes Schlange stehen heute ebenso zum Alltag gehört wie Sandwich aus Toastbrot.

Emigration

Das Phänomen der Aus- und Rückwanderung kennt Madeira seit den Anfängen seiner Besiedlung. Viele der vom Festland stammenden frühen Bewohner sahen die Insel nur als Sprungbrett für ein Leben in der Kolonie Brasilien. Maurische, schwarzafrikanische und von den Kanaren stammende Sklaven kehrten nach ihrer Freilassung wieder in ihre Heimatländer zurück. Aus Italien und Flandern zugewanderte Zuckerhändler verließen Madeira, als ihr Geschäft sich nicht mehr rentierte. Die einheimischen Plantagen- und Fabrikarbeiter mussten anderweitig nach Beschäftigung suchen: Sie wanderten aus. Gleiches geschah, als der Mehltau im 19. Jh. fast den gesamten Bestand des Inselweins vernichtete. Bis weit über die Mitte des 20. Jhs. schwoll der Strom der Emigranten an. Beliebte Ziele, um sich eine neue Existenz aufzubauen, waren Brasilien, Venezuela und Südafrika; in jüngster Zeit sind es auch England und die Kanalinseln. Eine beachtliche Zahl von Emigranten kehrte inzwischen zurück, baute aufwändige Häuser.

Fauna

Die Fauna Madeiras ist karg, denn nur wenige Tierarten schafften es, aus eigener Kraft auf den Archipel zu gelangen. Es waren Fledermäuse, Insekten und Vögel. Etwa 200 Vogelarten leben auf der Insel, darunter der Madeira-Buchfink und das Madeira-Sommergoldhähnchen. Einzige Reptilienart ist die Mauereidechse. Sie ist sehr verbreitet und frisst in den Weinbergen und Obstplantagen gern die überreifen Früchte. Häufig wird dort daher Gift ausgelegt. Alle Nutztiere wurden von Menschen auf die Insel gebracht. Das Gros von ihnen sieht man freilich selten: Schweine bleiben im Stall, Kühe und Ziegen halten die Bauern meist in den traditionellen, spitzdachigen Hütten *(palheiros)*. Vielfältig ist die Meeresfauna – angefangen vom typischen (schwarzen) Degenfisch bis hin zu farbenfrohen exotischen Exemplaren. Auch Wale und Delphine sieht man mitunter, sogar die bedrohten Mönchsrobben sind zurückgekehrt.

Flora

Von dem Lorbeerdschungel *(laurisilva)*, der einst die gesamte Insel überzog, ist nur noch ein Bruchteil erhalten und bildet den Kern des 1982 gegründeten Naturparks Madeira. Mehrere Dutzend endemische Pflanzenarten wachsen hier und eine Fülle von Farnen, Flechten, Moosen, Lorbeerarten, darunter der Madeira-Mahagoni *(vinhatico)*. Riesenlöwenzahn und Maiglöckchenbaum säumen manchen Wanderpfad. Oberhalb 1200 m bestimmen Baum- und Besenheide das Bild; gesprenkelt vom Zitronengelb des Madeira-Veilchens und weißblütigem Steinbrech. An einigen wenigen felsigen Küstenabschnitten lässt sich noch die ursprüngliche Tieflandflora entdecken. Sonst ist das üppige Grün weitgehend Menschenwerk. Seine Palette reicht von Bananenterrassen über Eukalyptus- und Akazienhaine bis hin zu ausgedehnten Kakteenbeständen und (sub)tropischen Gärten. Das ganze Jahr über steht immer irgendetwas in Blüte. Im Frühjahr z. B. der afrikanische Tulpenbaum, Hortensien, Rhododendren, Azaleen, Protea, Dahlien, Korallenstrauch sowie die zartlila Jakarandabäume. Im Sommer die afrikanische Liebesblume (agapanthus), der

Die MARCO POLO Bitte

Marco Polo war der erste Weltreisende. Er reiste in friedlicher Absicht, verband Ost und West. Er wollte die Welt entdecken, fremde Kulturen kennen lernen, nicht zerstören. Könnte er heute für uns Reisende nicht Vorbild sein? Aufgeschlossen und friedlich sollte unsere Haltung auf Reisen sein. Dazu gehören auch Respekt vor Mensch und Tier und die Bewahrung der Umwelt.

STICHWORTE

In Blandy's Garden blüht auch die afrikanische Liebesblume

»Stolz Madeiras«, Frangipani und der Drachenbaum. Im Herbst öffnen Belladonnalilien ihre Kelche, Kapokbäume und Begonien erblühen. Im Winter erfreuen Calla, Kamelien und Weihnachtssterne in großen Büschen das Auge. Ganzjährig sorgen Hibiskus, Bougainvillea, Mimosen, Strelitzie, Anturie, Jasminnachtschatten und Kap-Rosen für ein Feuerwerk der Farben.

Früchte

Dank mehrerer Jahrhunderte intensiver Kultivierung und klimatisch exzellenter Bedingungen entwickelte sich Madeira zu einem wahren Garten Eden. Vom Apfel bis zur Zitrone gedeiht fast alles auf der Insel: Ananas, Aprikosen und Bananen ebenso wie Kirschen, Mango, Melone, Orangen, Papaya, Maracuja, Pflaumen, Tafeltrauben (auf Porto Santo) und Cherimoya. Dazu Guaven, Feigen, *nespera* (eine Mispelart), *pitanga* (Kirschmyrte) und Rosenapfel *(araçao)*. Eine Mischung aus Obst und Gemüse sind die süßsäuerlichen, auch *tomate ingles* genannten *tomatillos* (südamerikanische Baumtomaten). Aus den Passionsfrüchten wird auf Madeira auch *Liquor de Maracuja,* Sirup und Limonade hergestellt.

Levadas

Bereits kurz nach der Entdeckung der Insel schufen Sklaven die ersten dieser künstlichen Wasserläufe, um das Nass ferner Quellen auf die Zuckerrohrplantagen zu leiten. Im 19. Jh. als der Zuckerrohranbau eine neue Blüte erlebte, revitalisierte und erweiterte man das historische Kanalsystem. Heute umfasst es ca. 2000 km; 85 davon verlaufen in Tunneln.

Die ★ *levadas* (von *levar,* tragen) sind einmalig in Europa, und ihre Versorgungspfade bieten die Möglichkeit zu einzigartigen Spaziergängen und Wanderungen.

Einst im Besitz der Großgrundbesitzer, gehören die *levadas* nun dem Staat. Von ihm kauft jeder Bauer eine gewisse Wassermenge pro Jahr. Ein *levadeiro* überwacht die Verteilung. Er ist auch für die Instandhaltung der Rinnen verantwortlich.

Madeira-Wein

Das Geheimnis des hochprozentigen Süßweins liegt in der Zugabe von Branntwein bzw. Tresterbrand, durch den der zweite, aufgrund von Zuckerzusatz normalerweise ausgelöste Fermentierungsprozess gestoppt wird, und in der anschließenden Erwärmung der Rebflüssigkeit. Ursprünglich besorgte diese Erwärmung die Natur langsam durch Sonneneinstrahlung. Inzwischen greifen fast alle Hersteller zu technischen Hilfen. In Stahltanks und mit Wasserspiralen ist das Ziel rasch erreicht – zu rasch bisweilen.

Hergestellt wird Madeira-Wein aus den acht historischen Edeltraubensorten Terrantez, Bastardo, Moscatel, Listrão, Sercial, Verdelho, Boal und Malvasia. Die vier letztgenannten sind die bekanntesten. Sercial ist trocken, Verdelho und Boal sind halbtrockene Tropfen, Malvasia hingegen süß. Je älter ein Madeira ist, desto voller schmeckt er. Es gibt daher durchaus noch Madeiras aus der Mitte des 18. Jhs. zu kaufen.

Portugal

Seit 1976 hat Madeira als autonome Region einen Sonderstatus innerhalb Portugals und wird von einem eigenen, von seinen Bewohnern gewählten Präsidenten regiert. In inneren Angelegenheiten erlangte sie somit eine gewisse Selbstständigkeit. Die Regierung in Lissabon übt jedoch eine kontrollierende Funktion über das Inselparlament aus und wichtige Entscheidungen werden immer noch »auf dem Kontinent« gefällt, wie die Madeirenser sagen. Zu ihren Brüdern und Schwestern *do continente* pflegen sie spürbar eine recht große emotionale Distanz. Doch mangels entsprechender Möglichkeiten auf der Insel ziehen immer mehr junge Leute zu Lehre oder Studium nach Lissabon, Porto oder Coimbra.

Quintas

Hunderte dieser Herrenhäuser und Landsitze überzogen einst die Insel. Adelige Portugiesen ließen die ersten im 15. Jh. erbauen. Das Gros indes datiert aus dem 18. und 19. Jh. als der Weinhandel blühte und britische Kaufleute sich in Scharen auf Madeira niederließen. Sie beauftragten Architekten aus der ganzen Welt, um die neuesten Stiltrends umzusetzen und ließen Gärtner üppige Landschaftsoasen mit exotischer Vegetation um die repräsentativen Bauten anlegen.

Grundstücksspekulation und Neubauten bedeuteten ab Mitte des 20. Jhs. dann für viele Quintas das Ende. Inzwischen besinnt man sich jedoch wieder auf dieses exquisite architektonische Erbe, die historischen Häuser werden restauriert und als Hotels oder Pensionen, Sitz von Institutionen oder Museen genutzt.

Umwelt

Das Umweltbewusstsein lässt noch reichlich zu wünschen übrig auf dem Archipel. Das fängt an bei der Müllentsorgung und endet beim Umgang mit Wasser. Abfall und

STICHWORTE

Die Quinta Terreiro da Luta diente einst als Station der Zahnradbahn

Schutt landen vor allem außerhalb der Städte vielerorts nach wie vor in Gebirgsschluchten und Bachbetten statt in den Gemeindetonnen und an den neuen »Ecopontos« mit Behältern für Altglas, Papier, Batterien und Haushaltsabfall.

Auf Porto Santo müssen acht Quellen und eine Meerwasserentsalzungsanlage während der heißen Monate das bis zu sechsfache der Inselbevölkerung versorgen. Kläranlagen sind bislang nur in Funchal und auf Porto Santo in Betrieb. Ein Viertel aller madeirensischen Haushalte ist immer noch nicht an die Kanalisation angeschlossen.

An der Südküste Madeiras entziehen von Menschenhand angelegte Eukalyptushaine dem Boden das Wasser, sodass einst fruchtbare Terrassenkulturen verwildern. Von den Bergen indes stürzen Bäche nach kräftigen Niederschlägen plötzlich als reißende Flüsse mit Geröllawinen zu Tal, da auf den Höhen nach jahrzehntelanger Überweidung Bäume und Büsche fehlen, um das Wasser aufzuhalten.

Zuckerrohr

Heinrich der Seefahrer brachte die Zuckerrohrpflanze Anfang des 15. Jhs. von Sizilien nach Madeira. Die erste Zuckermühle ging bereits 1450 in Funchal in Betrieb. Um 1500 exportierte die Insel schon jährlich 1500 t des weißen Goldes nach Europa. Die einheimischen Zuckerbarone ließen sich ihre Ware oft auch mit Kunstwerken bezahlen – daher besitzt Madeira eine beachtliche Sammlung flämischer Malerei aus dem 15. und 16. Jh. Allmählich erstarkte jedoch die Konkurrenz in Südamerika. Madeira gab daher den Zuckerrohranbau im großen Stil wieder auf. Wie wichtig er ursprünglich einmal für die Insel war, kann man noch heute am Wappen von Funchal ablesen: Es zeigt fünf Zuckerhüte.

ESSEN & TRINKEN

Espada und Espetada

In den Kochtöpfen Madeiras dominiert nach wie vor Bodenständiges

Süßweinfans lecken sich beim Namen Madeira sofort die Lippen: ein herrlicher Tropfen als Aperitif oder zum Ausklang eines Mahles. Aber beginnen wir mit dem Anfang: Der besteht bei einem typisch madeirensischen Essen meist aus einer Suppe. Danach folgt eine üppige Portion Deftiges. Denn in der bäuerlichen Traditionsküche der Insel ist »gut« ein Synonym für »viel«. Leider werden die schmackhaften bodenständigen Spezialitäten wie zum Beispiel Weizen- oder Wasserkressesuppe *(sopa de trigo, sopa de agrumes)*, Kutteleintopf *(dobrada)*, gekochtes Zicklein *(cabrito)* oder *carne vinho e alho* fast nur noch im Familienkreis serviert. Wenn Sie ein wenig suchen, werden Sie jedoch vielleicht in einer dörflichen Kneipe fündig. Für die rustikalen, bei Einheimischen zum Mittagessen beliebten Snackbars in Funchal mit ihren günstigen Tagesgerichten *(prato do dia)*, sind die althergebrachten Speisen meist zu zeitaufwändig. Die Köche in den Touristenhotels und -lokalen setzen auf internationalisierten Standard, in den (noch wenigen) Gourmetrestaurants do-

Avocado mit geräuchertem Stockfisch

miniert Französisches, Fernöstliches oder Cross-Over-Cuisine, wobei es die Herdkünstler durchaus schaffen, auch aus so einfachen Produkten wie *bacalhau* (getrockneter Kabeljau) überraschende Geschmackserlebnisse zu zaubern.

Die Säulen der Inselküche aber bilden ★ *espada* und *espetada* – Degenfisch und Rindfleischspieß. Beliebt als Hauptmahlzeit ist zudem der Thunfisch *(atum)*, oft serviert in einer kräftigen Zwiebeltunke. Seltener stehen frischer Schwertfisch *(espadarte)*, Zackenbarsch *(garoupa)*, Sackbrasse *(pargo)*, Goldbrasse *(dourada)*, Papageienfisch *(bodiao)* oder *cavaco*, eine Art Rocklobster, auf der Speisekarte. *Caramujos* (Langostinos) und *caracoles* (Meeresschnecken) werden in kleineren Bars auf dem Land mitunter auf einem Zettel an der Tür als Tagesspezialität angekündigt. Fast in allen Lokalen hingegen gibt es Napfschnecken *(lapas)*. Frische Bergforellen *(trutas)* bieten eine köstliche Abwechslung zum Meeresgetier. Sie werden auf Madeira gezüchtet.

Dem recht teuren Fisch ziehen Madeirenser gern *frango* und *bife* vor – Huhn und Beefsteak. Bei Festen brutzeln als Alternative zur *es-*

Madeirensische Spezialitäten

Lassen Sie sich diese Köstlichkeiten gut schmecken!

Açorda – deftige, klare Brotsuppe mit Knoblauch und Ei, im besten Fall in einer großen Schüssel serviert, aus der sich der Gast mehrmals bedienen kann

Bolo de caco – rundes, flaches Weißbrot, das ursprünglich nur aus Süßkartoffeln in einem Tontopf gebacken wurde, heute indes auf heißen Eisenplatten bräunt und weitgehend aus Mehl besteht

Bolo de mel – dunkler, runder Gewürzkuchen mit Zuckerrohrsirup

Caldeirada – dicker, würziger Fischeintopf

Carne vinho e alho – gewürfeltes Schweinefleisch wird lange in Wein und Essig mit Knoblauch und Lorbeer oder Fenchel mariniert, dann geschmort; typisch bei Familienfesten

Castanhétas – sardinenartige kleine Fische, gebraten und angerichtet in Knoblauchöl

Espada – der (schwarze) Degenfisch wird fast überall serviert; oft als Filet mit Banane. Die Einheimischen kochen ihn aber auch gern mit Wein und Knoblauch

Espetada – das Nationalgericht der Insel. Bei keinem Fest darf der Rindfleischspieß fehlen. Traditionell wird das Fleisch frisch geschnitten, in grobem Lorbeersalz gewendet und auf einen Lorbeerstecken gespießt, den jeder selbst über der offenen Glut brutzeln lässt

Lapas – frisch von den Meeresfelsen geerntet schmecken die Napfschnecken besonders gut. Zubereitet werden sie mit Knoblauchbutter und Zitronensaft auf einer heißen, geriffelten Metallplatte, von der man sie dann auch isst

Poncha – die Fischer von Camera de Lobos rühmen sich, Erfinder dieses Getränks aus Zitronensaft, Honig und Zuckerrohrschnaps zu sein. Die Zutaten werden mit einem Holzquirl verrührt und sollten dadurch eine schöne Schaumkrone aufweisen

Prego (na prato) – »Nagel (auf dem Teller«) heißt wörtlich übersetzt die Kombination aus einem dünnen Stück gebratenem Rindfleisch mit einem Salatblatt und Tomate. Gern wird das Trio von den Wirten auch zwischen zwei Brötchenhälften gepackt

Tremoças – salzig eingelegte Lupinenkerne, die mancher Wirt alternativ zu Hühnermägen oder geschnetzelten Schweineohren als Knabberei *(dentinhos)* zum Bier serviert

ESSEN & TRINKEN

petada meist Dutzende ganzer Hähnchen auf Grillrosten. Leider kommen die Hühner fast alle aus Geflügelfarmen. Ihr Beefsteak verzehren die Einheimischen häufig in Form eines Sandwiches. Das Fleisch stammt in den seltensten Fällen von den wenigen einheimischen Rindern, sondern wird im großen Stil importiert – ebenso wie jenes vom Schwein.

Bei den Beilagen führt allerorten die Kartoffel, in Form von Pommes oder gekocht. Wer Glück hat, findet auf der Speisekarte mitunter auch noch *milho frito,* eine mit Kräutern gewürzte, in Würfel geschnittene Maispolenta. Oder die in der Schale gebackenen Süßkartoffeln *(batata doce).* In Sachen Gemüse dominieren Karotten und Bohnen aus den Inselgärten, manchmal bietet ein Wirt auch die im Familienkreis oft servierten *pimpinelos* (Chayote) an, Alles andere ist eingeführt; oft aus dem nahen Afrika.

Dafür kommt das Bier, das die Madeirenser gern zum Essen trinken, aus heimischer Produktion. Coral heißt die größte Marke. Möchten Sie ein frisch gezapftes, ordern Sie ein *imperial,* mit Limonade gemischt einen *shandy.* Heimischer Tafelwein, wie ihn engagierte Winzer seit etwa einem Jahrzehnt sowohl als roten, weißen oder rosé keltern, wird hingegen noch selten getrunken, eher schon die Tropfen aus dem portugiesischen Mutterland.

Auf Festen indes spielt der einheimische Rebensaft – im Volksmund scherzhaft *café do setembro,* Septemberkaffee genannt – eine wichtige Rolle. Allerdings wird er aus Plastikkannen ausgeschenkt, ist selten älter als ein Jahr und stammt aus traditioneller privater Produktion. Da er kaum gepflegt wird und nur wenige Zentimeter über der Erde wächst, mit einfachen, uralten Pressen gekeltert und in rustikalen Steinbecken aufgefangen wird, ist sein Geschmack erdig bis sauer, weswegen sogar die Einheimischen ihn mit Limonade mischen. In Santo da Serra und Camacha hat eine andere Mixtur Tradition: *cidra,* also Apfelmost, angereichert mit Zucker oder Honig.

Quiere sobremesa? Die Frage nach dem Nachtisch fehlt niemals und wird von den Einheimischen gern mit ja beantwortet. Zur Wahl stehen meist hausgemachte Kuchen *(bolo),* Maracujapudding, Flan oder frische Früchte.

Nach dem Essen bestellen Madeirenser unbedingt einen Kaffee. Möchten sie ihn klein und schwarz, ordern sie eine *bica* (Espresso) oder eine *bica corta* (die noch stärkere Variante). Soll das Gebräu etwas mit Milch aufgehellt werden, verlangt man einen *garoto.* Die große Variante dieses Milchkaffees heißt *chinesa.*

Aus Zitronenschale und heißem Wasser brüht man auf der Insel einen *chá de limão.* Sowohl ihn als auch den Kaffee gibt es *pingado* – mit einem Schuss Alkohol (meist ist es Whisky).

Bei der Rechnung gilt dann »einer für alle«. Getrenntes Zahlen ist unüblich, geteilt wird im Nachhinein oder man revanchiert sich beim nächsten Restaurantbesuch. *Bom apetite!*

Wenn nicht anders angegeben, sind die aufgeführten Restaurants von 12 bis 15 und von 18 Uhr an (meist bis ca. 23 Uhr, auf dem Land oft nur bis 21 Uhr) geöffnet.

EINKAUFEN

Filigranes, Florales und Flüssiges

Stickereien, Blumen und Madeira-Wein gehören zu den beliebtesten Souvenirs. Aber es gibt auch noch andere schöne Erinnerungsstücke

Regenten schätzen sie ebenso wie Modezaren: die echten, zarten Madeirastickereien *(bordados)*. Eine britische Lady sorgte dafür, dass das traditionelle Handwerk der Fischerfrauen verfeinert wurde und fast zu einer Industrie erblühte. Inzwischen üben jedoch nur noch wenige *bordadeiras* die schlecht bezahlte Stickkunst beruflich aus – entsprechend hoch sind die Preise. Und groß ist die Versuchung, das Angebot mit billiger, maschinellen Importware aufzustocken. Achten Sie beim Kauf daher auf die kleine Güteplombe des I.B.T.A.M. (Instituto de Bordados, Tapeçarias e Artesanato de Madeira).

Insider Tipp

Für Korbwaren existiert solch ein Qualitätssiegel noch nicht – daher stammt auch nicht jedes Stück tatsächlich aus lokaler Produktion. Am besten suchen Sie einen der Flechter direkt in seiner Heimwerkstatt auf oder vertrauen den Kooperativen.

Beim Kauf von Madeira-Wein lautet die Faustregel: Fünf Jahre Reifezeit sind das Minimum für Qualität. Eine gute, alte Flasche kostet dann schon mal so viel wie

Alte Flaschen mit Madeira-Wein

ein Abendessen. Aber sie hält sich, selbst angebrochen, mehrere Monate. Das schaffen Ihre Strelitzien oder andere Blüten sicher nicht. Seriöse Händler verpacken sie Ihnen aber ohne großen Aufpreis für den Transport.

Hübsche Mitbringsel sind auch handgemachte Trachtenstiefel oder Sandalen, die erdfarbenen Ohrenklappenmützen mit Bommelspitze, mit der sich auf dem Land noch viele Männer gegen Wind und Kälte schützen, und *brinquinhos.* Diese traditionellen Klapperinstrumente (eine Art Schellenbaum) gibt es in einigen Varianten. Bei der modernen sorgen Kronkorken für die Töne, ursprünglich taten dies winzige Kastagnetten. Die ganz aus Holz gefertigten *brinquinhos* sind immer schwerer zur finden. Gleiches gilt für die *bonecas de massa,* Teigfiguren, die zu religiösen Festen gebacken und mit Seidenpapier verziert wurden. Frische Früchte, Blütenhonig, Aloe-Vera-Produkte, ein *bolo de caco,* Ano na-Likör, oder *aguardente de cana,* Zuckerrohrrum, sind ebenfalls schöne Souvenirs.

Insider Tipp

Die Geschäfte sind üblicherweise Montag bis Samstag 10 bis 13 und 14 bis 18.30 Uhr geöffnet.

Feste, Events und mehr

**Madeirenser feiern oft und gern.
Anlässe gibt es das ganze Jahr über genug**

Das Knallen von Feuerwerksraketen kündet schon am Vormittag von dem bevorstehenden Ereignis: Weinlese, Kirschernte, Frühlingsblüte – für alles gibt es eine *festa* auf der

Silvesterfeuerwerk in Funchal

Insel. Lange Messen und Prozessionen prägen die religiösen Feste, viele haben Wallfahrtcharakter. Danach geht es bei Folklore, Diskomusik, Tanz und deftigem Essen ganz weltlich zu. Neben traditionellen Feierlichkeiten stehen auf dem Festkalender (vor allem im Sommer) zunehmend auch junge Events, wie die *Fins de Semana Musicais*, Wochenenden klassischer Musik in den Gärten und Sälen von Funchal im Juli und August.

Gesetzliche Feiertage
1. Jan. *Ano Novo* – Neujahr; *Sexta-feira Santa* – Karfreitag; **25. April** *Dia de Portugal* – Jahrestag der Nelkenrevolution; **1. Mai** *Dia do Trabalho* – Tag der Arbeit; **Mai/Juni** *Corpo de Deus* – Fronleichnam; **10. Juni** *Dia de Camões* – Gedenktag zu Ehren des Nationaldichters Luís Vaz de Camões, Nationalfeiertag; **15. Aug.** *Assunção* – Mariä Himmelfahrt; **5. Okt.** *Dia da República* – Tag der Republik; **1. Nov.** *Todos os Santos* – Allerheiligen; **1. Dez.** *Dia do Restauração* – Unabhängigkeitstag; **8. Dez.** *Imaculada Conceição* – Mariä Empfängnis; **25. Dez.** *Natal* – Weihnachten

Feste und Veranstaltungen
Februar
Karneval: Große Parade à la Rio mit Sambatanzgruppen und Themenwagen von der Avenida do Infante bis ins Zentrum Funchals.

April

★ *Festa da Flôr:* Blumenfest zu Beginn der Frühlingsblüte in Funchal. Höhepunkt ist ein Straßenumzug mit blumengeschmückten Wagen.

Juni

Schafschurfest auf der Hochebene Paúl da Serra mit Espetada-Buden, Musik und Tierverkauf.
São Pedro: Fest zu Ehren des Schutzpatrons der Seeleute mit Bootsprozession in Ribeira Brava.

Juli

24 Horas de Bailar: Folklorefestival von Santana mit zahlreichen Tanz- und Musikgruppen von der ganzen Insel, Infoständen der Gemeinden, hausgemachten Spezialitäten und Kirmes.

Insider Tipp *Feria de Porto Moniz:* Große Landwirtshaftsausstellung in einem Waldstück oberhalb des Küstenstädtchens. Schön dekorierte Verkaufs- und Infostände mit Früchten, Pflanzen, Gerätschaften. Brathuhn- und Espetada-Buden, Rinderverkauf.

August

Nossa Senhora do Monte: religiöser Höhepunkt des Jahres. Am Tag von Mariä Himmelfahrt ehren die Madeirenser die Schutzpatronin der Insel mit einer Wallfahrt. Aus allen Ecken der Insel strömen die Pilger hinauf zur reich geschmückten Kirche von Monte.

September

Madeira Weinfestival: Weinkostungen und Ausstellungen auf der Avenida Arriaga in Funchal und in Estreito de Câmara de Lobos.
Festa do Senhora da Piedade: Bootsprozession in Caniçal, bei der die Bewohner des Küstenortes ihre Marienstatue über das Meer und wieder zurück geleiten.
Festa do pero: Apfelfest in Ponta do Pargo mit Traktorenkorso und Verkauf bäuerlicher Erzeugnisse, hausgemachter Konfitüren und Süßigkeiten.

Ende Oktober/ Anfang November

Festa do Senhor dos Milagres: nächtliche Prozession zu Ehren des Wundertätigen Jesus in Machico.
Kastanienfest in Curral das Freiras mit Kastanienbrot- und Likör, Folkore

Dezember

★ *Silvesterfeuerwerk* in der Bucht der schon seit dem 8. Dez. mit Lichterketten geschmückten Inselmetropole. Im Hafen sammeln sich die Kreuzfahrtschiffe, die das neue Jahr mit kräftigem Tuten begrüßen.

Mädchen bei der Festa da Flôr

FUNCHAL

Alles trifft sich in der Fenchelbucht

Funchal ist nicht nur die Hauptstadt Madeiras, sondern auch das pulsierende touristische Zentrum

 Karte in der hinteren Umschlagklappe

Klein-Lissabon nannten italienische Seefahrer Funchal **[118 bis 119 A–D 4–6]** bereits im 16. Jh., nur wenige Jahre, nachdem Inselentdecker Zarco seine Residenz vom benachbarten Câmara de Lobos in die von wildem Fenchel *(funcho)* bewachsene Bucht verlegt hatte. Der Zuckerexport ließ das Städtchen erblühen, und bald schon ragte eine ganze Riege eleganter Bauten auf zwischen den Ufern der drei Flüsse Ribeira de Santa Luzia, Ribeira de São João und Ribeira de João Gomez, die hier ins Meer münden. Heute leben in Funchal rund 130 000 Menschen – fast die Hälfte aller Madeirenser.

Weit ist die Metropole die wie ein Amphitheater um sie aufragenden Berghänge hinaufgekrochen. Im Südwesten hat sie sich auch am Küstensaum breit gemacht mit einem noch immer wachsenden Hotelviertel, das erst kürzlich eine Uferpromenade erhielt. Und im Osten braucht Funchal nicht mehr viel, um mit dem Nachbarn Caniço zu verschmelzen.

Praça do Municipio, Rathaus und Jesuitenkolleg

Korbschlittenfahrt

Der historische Stadtkern sowie das alte Fischerviertel, das gerade kräftig herausgeputzt wird, lassen sich aber recht gut zu Fuß erkunden. In dem schmalen und steilen Gassengewirr ist ein Auto sogar eher hinderlich – ganz zu schweigen von den mangelnden Parkplätzen. Für größere Distanzen sind Bus und Taxi ein gute Alternative.

Ein halber Tag genügt für den ersten Kontakt mit den interessantesten Punkten – doch es empfiehlt sich mindestens die doppelte Zeit, um tatsächlich einen Eindruck zu gewinnen vom Flair der Stadt.

SEHENSWERTES

Avenida Arriaga

Kathedrale und Praça do Infante mit dem Denkmal von Heinrich

FUNCHAL

Fortaleza de São Lourenço – das Fort war Bestandteil des Festungsgürtels

dem Seefahrer bilden die Endpunkte der breiten, von Jakaranda-Bäumen überschatteten Hauptstraße der City. An ihrem Saum liegen das Anfang des 20. Jhs. erbaute Teatro Municipal, die ehemalige Handelskammer mit ihren traditionsreichen Azulejo-Bildern und der kleine Jardim Municipal, dessen erste Gewächse bereits um 1880 aus Paris und Porto eingeführt wurden. Ursprünglich standen an Stelle der mächtigen Stadtparkbäume die Ruinen eines Franziskanerklosters. Reste der dazugehörigen Nebengebäude finden sich noch innerhalb der Adegas de São Francisco, der Madeira Wine Company. Das Privatunternehmen ist Museum, Kellerei und Verkaufsstätte in einem; im Rahmen einer rund einstündigen Führung können sie es besichtigen – Verkostung inklusive. *Mo bis Fr 9.30–18 Ur (Führungen 10.30 und 15. 30 Uhr), Sa 10–13 Uhr (Führung 11 Uhr), Eintritt 3 Euro, Avenida Arriaga 28*

Avenida do Mar

🏃 Die Straße des Meeres ist zugleich Hauptverkehrsader und Flaniermeile. Zahlreiche Bushaltestellen liegen an ihrem Saum; an der Atlantikseite zieht sich die breite, begrünte Hafenpromenade entlang. Tags wie abends ist sie mit ihren Cafés und Restaurants auch bei den Einheimischen – Alt und Jung – eine beliebte Adresse zum Bummeln. Große Kreuzfahrtschiffe liegen an der Mole vor Anker, Yachten schaukeln auf den Wellen, darunter auch die berühmte, zum Lokal umgebaute *Vagrant* der Beatles. Gegenüber, auf der Stadtseite, ragt die Fortaleza de São Lourenço auf und etwas weiter östlich die Alfândega Velha, das alte Zollamt, in dem heute das Inselparlament seinen Sitz hat. Das kleine Portal in der Rua da Alfândega stammt noch aus der Zeit um 1500. Die anderen Gebäudeteile fielen 1748 einem schweren Erdbeben zum Opfer und wurden danach im Barockstil neu erbaut.

FUNCHAL

Convento de Santa Clara
In dem Ende des 15. Jhs. für den Klarissinnenorden errichteten Klosterbau ist heute ein Kindergarten untergebracht. Gern schließen die Betreuerinnen, wenn es ihre Zeit erlaubt, die Klosterkirche auf. Deren Wände sind ganz mit Azulejos aus dem frühen 17. Jh. bedeckt; der Chor besitzt eine hölzerne Kassettendecke im Mudéjar-Stil (spanischern Kunststil, benannt nach den Mudéjaren, arabischen Künstlern und Handwerkern). Im unteren Chor ist der Fußboden mit spanisch-arabischen Kacheln erhalten sowie eine Gemäldesammlung aus dem 17. und 18. Jh. In der Kirche befindet sich die Grabstätte von Martim Mendes de Vasconcelos, dem Schwiegersohn des Inselentdeckers Zarco, der beiden Töchter von Zarco sowie angeblich von Zarco selbst. *Calçada de Santa Clara*

Fortaleza de São Lourenço
Das Fort, erbaut an der Stelle eines schlichten Wehrturms aus dem 16. Jh., gehörte zum Festungsgürtel, der Funchal vom 17. bis ins 19. Jh. umgab. Inzwischen dient es der Regierung. Besuche sind auf Anfrage bei den wachhabenden Soldaten am Tor möglich. Zugang erhält man allerdings lediglich zur Nordbastion in der eine kleine Ausstellung die Geschichte der Festung dokumentiert. *Zwischen Av. Arriaga und Av. do Mar, Eingang Rua Zarco*

Forte de São Tiago
Mit dem Bau der Festung am Ostrand der Bucht wurde 1614 begonnen; im 18. Jh. kamen weitere Gebäudeteile hinzu. Über Treppengänge gelangt man auf die Dachplattform, von der sich ein schöner Rundblick bietet. In den

---

MARCO POLO Highlights »Funchal«

★ **Kabinenseilbahn**
Mit der Seilbahn über die Dächer Funchals hinaufschweben nach Monte (Seite 33)

★ **Reid's Palace**
Genießen Sie den Afternoontea nach feinster britischer Manier oder einen Cocktail zur Blauen Stunde (Seite 36)

★ **Blandy's Garden**
Pflanzenfülle satt, mal wild, mal gebändigt – einer der schönsten Parks der Insel (Seite 39)

★ **Mercado dos Lavradores**
Farbenfroh, quirlig, prall – die Markthallen sind eine Verführung für Augen, Nase und Gaumen (Seite 31)

★ **Photografia Museu Vicentes**
Zurück ins Madeira des 19. Jhs. und zu den historischen Aufnahmen seiner Bewohner (Seite 34)

★ **Korbschlittenfahrt**
Traditionsreiche Abfahrt von Monte – ganz ohne Schnee (Seite 43)

29

Funchal

Die Kathedrale Sé ist auch innen sehenswert

Obergeschossen wurde das *Museum Zeitgenössischer Kunst (Museu de Arte Contemporânea)* eingerichtet. Dort können Sie Werke portugiesischer Künstler aus den 60er-Jahren bis heute betrachten. *Mo–Sa 10–12.30 und 14.30–17.30 Uhr, Eintritt 2 Euro, Rua Portão Tiago*

Insider Tipp: Igreja de Soccoro/ Igreja de São Tiago
Einem Gelübde folgend, errichteten die Bewohner Funchals nach der schweren Pestepidemie Anfang des 16. Jhs. an dieser Stelle eine Wallfahrtskapelle. Zwei Jahrhunderte später wurde dann die heutige »Kirche des Beistands« gebaut. Sie besitzt die stilreinste Barockfassade aller Kirchen Madeiras. *Rua de Santa Maria*

Kathedrale Sé
Im Auftrag König Manuels I. zwischen 1485 und 1514 erbaut, ist die Hauptkirche Funchals eines der wenigen erhaltenen manuelinischen Gebäude der Stadt. Ihr Name leitet sich ab von *sedes do bispo*, Sitz des Bischofs. Bekrönt von einer Turmspitze aus vielfarbigen Kachelschindeln zeigt sie eine schlichte Natursteinfassade, in der das majestätische Portal im gotischen Stil den Blickfang bildet. Die Apsisseite gibt sich verspielter: mit schraubenartig gedrechselten Türmchen und einer verschnörkelten Brüstung. Im düsteren Inneren besticht vor allem die aus dem 16. Jh. stammende Holzdecke mit ihren Elfenbeinintarsien. Sie ist aus der Madeira-Zeder, einer heimischen Wacholderart, geschnitzt und im Mudéjar-Stil verziert. Ebenfalls aus der Ursprungszeit der Kathedrale stammt das in Flandern geschnitzte Chorgestühl. Die Fliesenbilder links des Altars kamen erst im Barock in das Gotteshaus, ebenso wie die mit Blattgold belegten Altäre. *Tgl. 7.30–11 und 14–18 Uhr, Rua da Sé*

FUNCHAL

Mercado dos Lavradores

★ Erst 1941 errichtet, allerdings mit deutlichen Reminiszenzen an den Stil des Art déco, zeigt der »Markt der Arbeiter« vor allem im Eingangsbereich schöne, großformatige Azulejo-Bilder. Die eigentliche Attraktion ist jedoch die Fülle der Produkte. Vor allem in den frühen Morgenstunden geht es in dem zweigeschossigen Gebäude recht lebhaft zu. Die Vielfalt einheimischer und importierter Früchte und Gemüsesorten, hübsch arrangiert in den inseltypischen Körben mit Stulpenrand, sowie zahlreiche Blüten und Pflanzen betören das Auge. So mancher Verkäufer verlangt jedoch nach dem Probebissen von ahnungslosen Touristen Phantasiepreise für seine Ware.

Im Erdgeschoss liegen um den Innenhof Metzgereien, Wein- und Korbwarenlädchen sowie der Stand einer Schuhfabrik, in der die typischen Folklorestiefel und auch Sandalen hergestellt werden. Aus dem Innenhof führen einige Stufen hinab zur Fischhalle, wo hauptsächlich Degenfische, mächtige Thunfischstücke und kleinere silberschuppige Meerestiere auf den Tischen liegen. Am Wochenende ergänzt ein kleiner Bauernmarkt an der Rua Don Carlos das Angebot. *Mo 7–14 Uhr, Di–Do und Sa 7–16 Uhr, Fr 7–20 Uhr, Rua Brigadeiro Oudinot*

Parque de Santa Catarina

Hoch über dem Hafenbecken erstreckt sich das weite Hangareal mit exotischen Bäumen, Blütenbeeten und drei markanten Gebäuden. Der Stadt am nächsten steht die barocke *Capela de Santa Catarina,* der Nachfolgebau jener Kapelle, die bereits Constança de Almeida, die Frau des Inselentdeckers Zarco, an dieser Stelle errichten ließ. Nördlich des blauen Teiches schimmert durch die dichte Pflanzenpracht das roséfarbene Gemäuer der *Quinta Vigia*. Das historische Herrenhaus aus dem 17. Jh., das ursprünglich den Namen Quinta das Angústias trug, dient dem Präsidenten der Regionalregierung als Amtssitz und Gästehaus. Es kann daher nur von außen besichtigt werden.

Ein paar Schritte weiter in Richtung Hotelzone reckt sich aus dem Wiesengrün das *Casino*. Oscar Niemeyer, Architekt des modernen Brasília, schuf es in Gestalt einer Dornenkrone aus nacktem Beton. Gleich nebenan sehen Sie ein weiteres von ihm entworfenes Monument: den geschwungenen Stelzenbau des einstigen Casino Palace Hotels, heute *Pestana Carlton Park*. Er steht an der Stelle der ersten Quinta Vigia. Eine Statue erinnert daran, dass die österreichische Kaiserin Elisabeth (Sisi) hier 1860/1861 logierte. *Av. do Infante*

Im Mercado dos Lavradores

Funchal

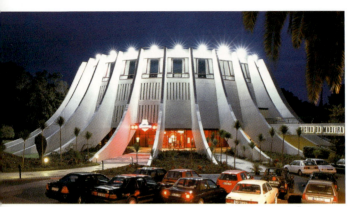

Das Spielcasino von Funchal beeindruckt vor allem durch sein Äußeres

Praça do Municipio
Den schwarz-weiß gepflasterten Platz säumen drei der wichtigsten historischen Gebäude Funchals. An der Stirnseite steht die ehemalige Stadtresidenz des einst reichsten Mannes der Insel, Graf João José Carvalhal. Seit Ende des 19. Jhs. ist Funchals Rathaus in dem Barockpalast mit prachtvollem, mit *azulejos* geschmücktem Innenhof untergebracht. Die gesamte Westseite des Platzes dominiert das frühere Jesuitenkolleg, heute die Universität Madeiras, mit der integrierten *Igreja do Colégio*. Ihre Hauptfassade zieren die Statuen von vier Heiligen des Jesuitenordens, darunter dessen Begründer Ignatius von Loyola. Drei Portale führen in das mit barockem Schnitzwerk, Gemälden und Kachelfriesen reich ausgestattete Kircheninnere. Gegenüber dem Gotteshaus liegt der historische Bischofspalast, inzwischen Sitz des Museums für religiöse Kunst.

Quinta das Cruzes
Hier finden Sie gleich zwei Attraktionen: Sowohl das Gebäude als auch der Garten sind eng verknüpft mit der Geschichte Madeiras. Angeblich hatte bereits Inselentdecker Zarco hier eine Residenz. Das heutige Herrenhaus stammt allerdings aus dem 18. Jh. Als Museum macht es jetzt anschaulich, in welchem Stil die reichen Bürger Madeiras einst lebten. Umgeben ist die Quinta von einem archäologischen Park. Steinmetzarbeiten aus verschiedenen Epochen lagern hier locker im subtropischen Grün: Grabplatten, Wappensteine, reich verzierte Fenstereinrahmungen und sogar die Reste eines Schandpfahls. An der Nordseite schließt der Garten ab mit einer Orchideenzucht. *Museu das Quinta das Cruzes Di–Sa 10–12.30 und 14–17.30 Uhr, So 10–13 Uhr, Eintritt 2 Euro, der Garten (Eintritt frei) ist jeweils eine halbe Stunde länger geöffnet und So bis 18 Uhr, Calçada do Pico 1*

Santa-Maria-Viertel (Zone Velha)
Zwischen den Ufern des João Gomes-Flusses und der Festung São Tiago lag die Keimzelle Funchals.

FUNCHAL

Die namensgebende Kirche Santa Maria do Calhaú ist nicht mehr erhalten. Am Ostrand des Altstadtviertels steht aber noch die *Capela Corpo Santo*, eine von Fischern erbaute Wallfahrtskapelle aus manuelinischer Zeit. Trotz Restaurierung und Nachbildung der historischen Architektur weht noch ein Hauch des ursprünglichen Geistes durch die Gassen. In den Abendstunden geht es ziemlich rund, denn viele Kneipen, Restaurants und Bars zogen in die alten Fischerhäuser ein. Über ihre Dächer schwebt seit kurzem die moderne ★ Kabinenseilbahn von der Talstation im neuen Promenadenpark hinauf nach Monte *(tgl. 8.30–18.30, Sommer bis 20.30 Uhr, 8 bzw. 13 Euro (Hin- und Rückfahrt).*

MUSEEN

Casa Museu Frederico de Freitas
Die Villa aus dem 17. Jh. beherbergt wertvolle Möbel, alte *azulejos* und religiöse sowie chinesische Kunst. Außerdem sammelte ihr früherer Besitzer gezeichnete oder gemalte Ansichten seiner Heimatinsel Madeira. *Di–Sa 10–12.30 und 14 bis 18 Uhr, So 10–12.30 Uhr, Eintritt 2 Euro, Calçada de Santa Clara*

Museu-Biblioteca Mário Barbeito de Vasconcelos
Ausstellung zu Christoph Kolumbus und zur Geschichte Madeiras mit Illustrationen, seltenen Büchern, Münzen. *Mo–Fr 9.30–13 und 15–18 Uhr, Sa 9.30–13 Uhr, Eintritt 1 Euro, Av. Arriaga 48*

Museu de Arte Sacra
Das Museum für Kirchenkunst im ehemaligen Bischofspalais birgt eine bedeutende Sammlung flämischer Gemälde aus dem 16. bis 18. Jh., die dank des Zuckerhandels auf die Insel kamen, Heiligenbilder aus derselben Epoche sowie historischen Kirchenschmuck. *Di–Sa 10–12.30 und 14.30–18 Uhr, Eintritt 2 Euro, Rua do Bispo 21*

Museu do Vinho
Die kleine Sammlung umfasst alte Illustrationen, Fotografien und Gerätschaften zum Weinbau auf Madeira. *Mo–Fr 9.30–12.30 und 14–17 Uhr, Eintritt frei, Rua 5 de Outubro 78*

Museu Henrique e Francisco Franco
In zwei Räumen hinter dem tempelförmigen Entree sind eine kleine Auswahl von Landschaftsgemälden und Skulpturen der aus Funchal stammenden Brüder Henrique und Francisco Franco versammelt. Letzterer schuf u. a. in den 1920er-Jahren das Standbild des Inselentdeckers Zarco an der Kreuzung Av. Zarco/Av. Arriaga. *Di–Sa 10–12.30 und 14–17.30 Uhr, Eintritt 1,50 Euro, Rua João de Deus*

Museu Municipal do Funchal
Ausgestopfte Säugetiere und Vögel veranschaulichen im Naturhistorischen Museum die Fauna Madeiras. Weitere Exponate widmen sich der Flora und Geologie der Insel. Das Aquarium gibt Einblicke in die Meereswelt. *Di–Fr 10–18 Uhr, Sa, So und feiertags 12–18 Uhr, Eintritt 1,50 Euro, Rua da Mouraria 31*

Núcleo Museológico da Cidade do Açúcar – CMF
Das Zuckermuseum im ehemaligen Haus des flämischen Zuckerbarons

FUNCHAL

João Esmeraldo erzählt anhand von Stichen, Gemälden und historischen Dokumenten von der Zuckerherstellung auf Madeira und ihren kulturellen wie künstlerischen Folgen. *Mo–Fr 10–12.30 und 14 bis 18 Uhr, Eintritt 1,50 Euro, Praça Colombo 5*

Núcleo Museológico do I.B.T.A.M
Ausstellung wertvoller Stickereiarbeiten, darunter Wandteppiche und Gobelins, aus Madeira. In verschiedenen Räumen des Stickereimuseums werden die Stickereiarbeiten zusammen mit typischem Mobiliar und Trachten gezeigt. *Mo–Fr 10 bis 12.30 und 14–17.30 Uhr, Eintritt 1,50 Euro, Rua Visconde de Anadia 44*

Photografia Museu Vicentes
★ Im restaurierten ehemaligen Atelier von Vicente Gomes da Silva, dem ersten Profifotografen Portugals, erzählen Kameras, Zubehör und ein Fotoarchiv, das von den vier Generationen der Fotografenfamilie Vicente zusammengetragen wurde, von den Anfängen der Fotografie. *Mo–Sa 14–17 Uhr, Eintritt 2 Euro, Rua Carreira 43*

ESSEN & TRINKEN

A Muralia
Kellerlokal mit schönen Fliesen und guter Auswahl von regionalen Fisch- und Fleischgerichten. Angenehme Straßenterrasse. *Largo do Corpo Santo, Tel. 291 23 25 61, €€*

Doca do Cavacas
Für die wohlschmeckenden frischen Meeresfrüchte nehmen auch viele Funchalesen den Weg an den Westrand der Stadt gern in Kauf.

Rua Ponta da Cruz, Sítio do Piornais, San Martinho, Tel. 291 76 20 57, €€ – €€€

Dom Pepe
Wer auf sich hält in Funchal, kehrt bei Dom Pepe ein, um anspruchsvoll verfeinerte Inselküche zu genießen. Exzellente Weinauswahl. *Rua da Levada dos Barreiros, Tel. 291 76 32 40, €€€*

Escola Profissional de Hotelaria
Inside Tipp
Lassen Sie sich überraschen von internationalen Menüs zum moderaten Fixpreis. Kostenloser Transfer von und zu Ihrem Hotel. *Trav. dos Piornais, São Martinho, Tel. 291 70 03 86, €*

Flor da Praia
Schlichte Stadtkneipe mit frischen, günstigen Tagesgerichten wie Stockfisch-Kartoffel-Ragout. *Rua Paria 51, Tel. 291 22 72 57, €*

Jardims do Infante
Fischeintopf, Thunfischsteak, *espada* und andere regionale Gerichte. Auf halbem Weg zwischen City und Hotelviertel. *Av. Do Infante 56, Tel. 291 22 60 83–4, €€ – €€€*

Marisa
Landestypische Gerichte und Fischspezialitäten im alten Fischerviertel. *Rua de Santa Maria 162, Tel. 291 22 61 89, €€*

Mezanino
Nach dem Umzug aus den São-Lourenço-Galerien hat die Küche sich noch weiter ins Zeug gelegt und bietet modern-leichte Kost auf der Basis madeirensischer Rezepte. *Promenade – Lido Ocean Park, Tel. 291 76 33 25, €€ – €€€*

FUNCHAL

La Paella
Das sollte Ihnen Spanisch vorkommen – wenn Sie mal Lust auf eine kulinarische Variante von Südeuropa haben. *Estrada Monumental 288, Tel. 291 77 31 20,* €€

Rio de Janero
Bei Funchalesen beliebte Snackadresse, einfache Hausmannskost in großen Portionen. *Rua Carreira 188, Tel. 291 23 82 60,* €

EINKAUFEN

A Rosa
Strelitzien, Anturien und andere exotische Blüten in guter Qualität. Alles wird reisegerecht in Kartons verpackt. *Rua Imp. D. Amélia 126*

Insider Tipp | Artur de Barros e Sousa
Der Familienbetrieb erzeugt seine Madeira-Weine als einziges Unternehmen auf der Insel noch nach der traditionellen Methode, also in Holzfässern und ohne künstliches Erhitzen. Das Ergebnis ist eine kleine Auswahl feinster Tropfen. *Rua dos Ferreiros 109*

Casa do Turista
Über mehrere Etagen bietet das »Touristenhaus« einen geschmackvoll arrangierten Überblick über das Kunsthandwerk und die Weinerzeugnisse der Insel. *Rua Conselho José Silvestre Ribeiro 2 (unterhalb des Stadttheaters)*

Diogos
Großes Sortiment eigener Madeira-Weine *(Barbeito)* sowie von anderen Herstellern. Zudem beachtliche Auswahl an Tafelwein aus aller Herren Länder sowie die neuen Tischweine der Insel. *Av. Arriaga 48*

Fabrica Santo Antonio
Insider Tipp
Historisches Geschäft mit hausgemachten Bonbons, Konfitüren, Plätzchen und Sorbets. *Travessa do Forno 27/29*

Imperial de Bordados
Edle Spitzenstickerei auf Leinen, Seide und Battist. *Rua São Pedro 26*

M.P. Gouveia
Urige kleine Stickereimanufaktur, versteckt in der ersten Etage eines historischen Stadthauses. *Rua de Santa Maria 145*

Vimescope
Korbwaren aus der Flechterkooperative von Camacha. *Rue da Carreira 102*

ÜBERNACHTEN

Choupana Hills Resort
Holz, Stein, Korbgeflecht – Madeiras typische Materialien, aber zeitgenössisch-exotisch eingesetzt zur Innenausstattung von luxuriösen Stelzenbungalows über den Dächern Funchals. Exzellente Crossoverküche mit einem Hauch Asien. *64 Zi., Travessa do Largo da Choupana, Tel. 291 20 60 20, Fax 291 20 60 21, www.choupanahills. com,* €€€

Hotel Madeira
Einfaches Stadthotel mit teils großen Zimmerterrassen; hinter dem Stadtpark. *53 Zi., Rua Ivens 21, Tel. 291 23 00 71, Fax 291 22 90 71, www.hotelmadeira.com,* €€

Hotel Sirius
Zentral gelegenes Hotel mit schöner Dachterrasse. Die Zimmer sind klein und mit dunklen Antiquitä-

35

FUNCHAL

tennachbildungen ausgestattet. *38 Zi., Rua das Hortas 31/37, Tel. 291 22 61 17, Fax 291 22 93 57,* €

Hotel Windsor
Angenehmes, im englischen Stil ausgestattetes Stadthotel unweit des Mercado dos Lavradores. Pool auf der Dachterrasse. *67 Zi., Rua das Hortas 4–C, Tel. 291 23 30 81, Fax 291 23 30 80, hotelwindsor @netmadeira.com,* €€

Porto Santo Maria
Elegant-modernes Haus zwischen altem Fischerviertel und Meerespromenade. Warme Farben prägen das Ambiente, große Sonnenterrasse, kleiner Out- und Indoorpool. *146 Zi., Av. do Mar 50, Tel. 291 20 67 00, Fax 291 20 67 20, www.portostamaria.com,* €€€

Quinta da Casa Branca
Ein flacher Glasbau mitten in einem gepflegten Herrenhausgarten mit historischem Hauptgebäude. Alle Zimmer mit privater Terrasse. Innovative Gourmetküche. *43 Zi., Rua da Casa Branca 9, Tel. 291 70 07 70, Fax 291 76 50 70, www.quinta casabranca.pt,* €€ – €€€

Quinta das Vistas
Im Kern ein altes Herrenhaus, ausgebaut zu einer ruhigen, edlen Anlage über den Dächern von Funchal. Die ❋ Restaurantterrasse bietet wohl die schönste Rundumsicht der ganzen Metropole. *70 Zi., Caminho de Santo António 52-A, Tel. 291 75 00 07, Fax 291 75 00 17, www.charminghotelsmadeira. com,* €€ – €€€

Reid's Palace
★ Die Legende lebt – und hat sich bei Wahrung aller traditionellen Gediegenheit ein zeitgenössisches Lifting erlaubt. Beim stilvollen englischen Afternoontea (20 Euro, keine Jeans!) auf der Terrasse mit Blick

Terrasse des traditionsreichen Hotels Reid's Palace

FUNCHAL

auf Funchals Hafen, können auch jene, die nicht hier wohnen, etwas erspüren von dem besonderen Charme der 1891 eröffneten Nobelherberge. Ein subtropischer Park staffelt sich vom Haus hinab zum Meer. *164 Zi., Estrada Monumental 139, Tel. 291 71 71 71, Fax 291 71 71 77, www.reidspalace.com,* €€€

Residencial da Mariazinha
Neue Pension mit typisch madeirensischem Ambiente in einem restaurierten Altstadthaus im Fischerviertel. Kleiner Innenhof, großzügige Räume. *10 Zi., Rua de Santa Maria 155, Tel. 291 22 02 39, Fax 291 24 17 31,* €€

Residencial Melba
Ruhige, am Nordrand des Hotelviertels gelegene Pension. Schlichte Zimmer, aber viel Grün, Pool und persönliche Führung. *12 Zi., Azinhaga da Casa Branca 8, Tel. 291 77 40 72, Fax 291 77 55 15, info@ monteverde-melba.com,* € – €€

Residencial Queimada de Baixo
Zentraler geht's nicht. Von der schlichten Pension in einer der verkehrsberuhigten Straßen zwischen Kathedrale und Rathausplatz lässt sich in wenigen Minuten die gesamte Innenstadt erkunden. *8 Zi., Rua de Queimada de Baixo 46, Tel. 291 21 32 50, Fax 291 21 32 59,* €

FREIZEIT & SPORT

Strände/Baden
Beliebt bei jungen Einheimischen ist die *Praia Formosa* – der steile, dunkle Geröllstrand im Westen Funchals (Bus 35). Alternativen sind die Badeanstalten *Lido (Sommer tgl. 8.30*

bis 19 Uhr, Winter tgl. 9–18 Uhr, Rua do Gorgulho) und *Barrinheira (Sommer tgl. 9–19 Uhr, Winter tgl. 9–18 Uhr, Largo do Soccoro).*

Tennis
Einer der schönsten öffentlichen Courts liegt im Park der Quinta Magnolia. *Rua Dr. Pita, Tel. 291 76 32 37*

Inside Tipp

Tauchen
Kurse und Ausrüstung bieten u. a. das *Tauchzentrum im Hotel Madeira Carlton (Tel. 291 23 95 00 und 219 22 55 89),* der *Tubarão Diving Club im Pestana Palms Hotel (Tel. 291 70 92 00 und 291 79 41 24)* oder die Basis im *Lidoschwimmbad (Tel. 291 76 22 17, Mobiltel. 966 86 18 46).*

AM ABEND

Vor allem an den Wochenenden ist immer etwas los in Funchal, meist musikalisch – und das oft live. Aber auch in der Woche gehen die Einheimischen gern aus. Gute Bars und Clubs gibt es u. a. in der Rua da Imperátriz Donna Amélia, der Rua da Carreira sowie an der neuen Promenade zwischen Praia Formosa und dem Lido-Schwimmbad. Vor Mitternacht tut sich dort allerdings selten etwas, in den Diskotheken geht es erst ab 2 Uhr richtig los. Folkloreshows und Fadodarbietungen in Hotels und Restaurants beginnen hingegen meist nach dem Dinner.

Café do Teatro
Sehen und gesehen werden – auf einen kleinen Schwarzen oder einen Cocktail treffen sich hier die Schönen und Schicken im Alter

FUNCHAL

Schön ist im Teatro Municipal auch der Zuschauerraum

zwischen 20 und 40, oft auch aus der Gayszene. Tagsüber Studentencafé mit italienischem Touch. *Tgl. 9–23 Uhr, im Teatro Municipal, Av. Arriaga, Tel. 291 75 99 59*

Disco Molhe
🏃 In der alten Hafenfestung wird vor allem Freitag- und Samstagnacht kräftig abgetanzt. *Do–So 23–5 Uhr, Estrada da Pontinha, Forte de Nossa Senhora da Conceição, Tel. 291 20 38 40*

Insider Tipp: Dó Fá Sol
🏃 Bar, Café und Musikclub in einem. Verschiedene Bands sorgen für abwechslungsreiche Rhythmen. *Tgl. 12–24 Uhr, Largo das Fontes, Tel. 291 24 14 64*

Jam Jazz Club/Vespas
🏃 Zwei Locations unter einem Dach: Oberhalb des Containerhafens finden Jazzfreunde ebenso ihr Plätzchen wie Diskogänger. *Do–So 23–4 Uhr, Av. Sá Carneiro 60, Tel. 291 231202*

O Presidente
Fado hat auf Madeira keine Tradition, wer ihn trotzdem hören möchte, kann dies hier freitags tun – verbunden mit einem Fondue oder Flambiertem. *Rua de Mercês 18, Tel. 291 23 45 35*

Teatro Municipal Baltazar Dias
Das Stadttheater ist nicht nur Sprechbühne, sondern häufig auch Konzertsaal. Madeira hat ein klassisches Orchester; oft gastieren auch ausländische Künstler. *Av. Arriaga, Tel. 291 23 35 69 und 291 22 04 16*

AUSKUNFT

Direcção Regional do Turismo
Mo–Fr 9–20 Uhr, Sa und So 9–18 Uhr, Av. Arriaga 18, Tel. 291 21 19 00, Fax 291 23 21 51, www.madeiratourism.org

FUNCHAL

ZIELE IN DER UMGEBUNG

Blandy's Garden/ Palheiro-Gärten [119 D–E5]

⭐ An der Straße nach Camacha, 9 km östlich von Funchal, auf rund 600 m Höhe, erstreckt sich eine der schönsten und abwechslungsreichsten Gartenlagen der Insel: die Palheiro-Gärten, besser bekannt unter dem Namen Blandy's Garden. Die Quinta do Palheiro Ferreiro ist seit 1885 Hauptwohnsitz der britischen Weinhändlerfamilie Blandy. Um ihre öffentlich nicht zugängliche Landvilla rankt sich ein englischer Garten mit subtropischen Pflanzen. Hinter der Kapelle öffnet sich der Garten mit üppigen Strelitzienbüschen und einem Seerosenbecken; vor der Quinta liegt der *Versunkene Garten* mit seiner exotischen Farbenfülle und links unterhalb von ihr kann man eintauchen in das *Inferno:* einen dunklen, feuchten Winkel, in dem mächtige Farnbäume wachsen. Berühmt sind die Palheiro-Gärten aber vor allem für ihre Kamelien *(Mo–Fr 9.30–12.30, Eintritt 7,50 Euro).*

Am Rand des Gartens und des angrenzenden Golfplatzes liegt die *Casa Velha do Palheiro (37 Zi., São Gonçalo Tel. 291 79 49 01, €€€),* die dem ursprünglichen Besitzer des Terrains, dem exzentrischen Grafen von Carvalhal, Esmeraldo de Vasconcelos de Atouguia Bettencourt, als Jagdsitz diente. 1997 wurde das Anwesen zu einem Luxushotel mit exquisitem französisch-portugiesischem Restaurant umgestaltet.

Cabo Girão und Fajã dos Padres

Das 🔻 Kap der Umkehr [117 E5], 19 km westlich von Funchal und nah bei Câmara de Lobos, zählt zu den höchsten Klippen der Welt. Mehr als 500 m fällt das Land hier fast lotrecht ins Meer. Von der Aussichtsplattform lässt sich entdecken, dass auf den kleinen Felsvorsprüngen Wein und Gemüse angebaut werden.

Nur per Aufzug (7,50 Euro) oder Boot gelangt man nach *Fajã dos Padres* [117 D5], einem 2 km weiter gelegenen Privatstrand mit rustikaler Snackbar *(Tel. 291 94 45 38, €),* Schiffsanleger, Reben und tropischer Fruchtplantage. Das Anwesen wurde ursprünglich von den Rittern der Companhia de Jesus angelegt. Reste ihrer Kapelle sind noch erhalten.

Insider Tipp

Câmara de Lobos [117 F5–6]

Lobos marinhos, Mönchsrobben bzw. Seehunde, die sich zur Zeit der Entdeckung Madeiras in der Bucht tummelten, standen Pate für den Namen des geschützt zwischen zwei Felsklippen entstandenen Ortes. Er liegt nur 9 km westlich von Funchal und ist heute mit 15 000 Einwohnern der zweitgrößte der Insel. Zarco gründete ihn bald nach seiner Ankunft, ließ am Hafen ein Kirchlein erbauen. 1723 wurde die *Capella Nossa Senhora de Conceição* jedoch umgestaltet. Ihr Inneres birgt u. a. Gemälde mit Fischfangszenen.

Fischfang und Bootsbau prägen auch heute noch den Alltag in Câmara de Lobos. In der Hafenbucht zimmern geschickte Männerhände hölzerne Boote in traditioneller Weise. Neben den Bootsbauern hocken die Petrijünger und reparieren die Langleinen, mit denen sie den *espada,* den (schwarzen) Degenfisch fangen. Kurz vor dem Orts-

FUNCHAL

kern sieht man an der Küste Holzgestelle, auf denen *caçoes*, Katzenhaie, und andere Fische zum Trocknen aufgespannt sind. Besonders einträglich sind Fischen und Bootsbau allerdings nicht, sodass in vielen Familien Armut herrscht. Der pittoreske Anblick verbirgt eine Vielfalt sozialer Probleme.

Winston Churchill malte die Szenerie des Hafens mit bunten Fischerkähnen, dem Leuchtturm auf der Klippe und dem Altstadtviertel in den 50er-Jahren immer wieder von einer kleinen Terrasse aus. Eine Gedenktafel an diesem *miradouro* an der Hauptstraße erinnert an den künstlerischen englischen Staatsmann.

Durch das Fischerviertel mit seinen Kneipen und Bars gelangt man hinauf ins Oberdorf. Dort steht die mit blauen und gelben Barockkacheln ausgeschmückte Pfarrkirche *São Sebastião*. Von dem zentralen (meist zugeparkten) Platz mit einem Pavillon in der Mitte bietet sich ein schöner Meerblick. Schauen Sie bergwärts, erkennen Sie die Madeira-Weinfabrik *Henriques & Henriques (Sítio de Belém, Tel. 291 94 15 51, eine Weinprobe ist möglich)*.

Oberhalb von Câmara de Lobos beginnt eines der besten Weinbaugebiete der Insel: *Estreito de Câmara de Lobos*. Durch Bananenhaine schlängelt sich die Straße hinauf zu den Weinterrassen an den Hängen. Die weiße Kirche von Câmara, in dem alljährlich zur Traubenlese ein großes Fest anberaumt wird, scheint fast aus einem grünen Meer von Reben herauszuwachsen. Viele Madeirenser kehren in Estreito gern zum Espetada-Essen ein in das *Restaurante Santo António (Tel. 291 94 54 39, €€)*. **Insider Tipp!** Ein stilvolles Plätzchen zum Übernachten ist die um ein historisches Herrenhaus errichtete moderne Anlage der *Quinta do Estreito (48 Zi., Rua José da Costa, Tel. 291 91 05 30, Fax 291 91 05 49, €€€)* mit Pool, schönem Garten, Gourmetrestaurant und kleiner, rustikaler Schenke.

Im Fischerdorf Câmara de Lobos werden Fische getrocknet

FUNCHAL

Caniço [119 E–F6]

Zwiebelfelder prägten die Region von Caniço (1200 Ew.), 11 km östlich von Funchal, bevor der Tourismus hier in großem Stil Einzug hielt. Vor allem Deutsche bauten sich an den Küstenhängen Häuser, zum Teil richtige Villen, auch mächtige Zeilen von Apartmentblöcken und große Hotelanlagen ragen hier auf. Der neue Ortsteil *Caniço de Baixo* bildet mit dem benachbarten *Garajau* inzwischen nach Funchal das zweitwichtigste Fremdenverkehrszentrum Madeiras.

Der ursprüngliche Ort Caniço gruppiert sich um die *Pfarrkirche* aus dem 18. Jh. Sie ist sowohl dem Heiligen Antonius von Padua als auch dem Heiligen Geist geweiht. Caniço lag einst auf der Grenze zwischen den Lehensgebieten von Funchal und Machico. Als die Gotteshäuser beider baufällig wurden, entschloss man sich, die Glaubenssprengel zusammenzulegen und eine gemeinsame Kirche zu bauen. Ihr Inneres zeigt heute ein schlichtes Gesicht; die barocken Altäre sind weiß bemalt und nur sparsam mit Blattgold verziert. Auf dem Platz vor der Kirche treffen sich die Einheimischen zum Plausch, hier werden *festas* gefeiert und Jahrmarktbuden aufgebaut.

Ganz in der Nähe liegt mitten in einem Blumenpark das traditionell gestaltete *Hotel Quinta Splendida (115 Zi., Sítio da Vargem, Tel. 291 93 04 00, Fax 291 93 04 01, €€–€€€)*. Wesentlich intimer und ausgefallener ist das *Inn & Art*, eine Mischung aus Galerie und Pension *(15 Zi., Caniço de Baixo, Tel. 291 93 82 00, Fax 291 93 82 19, €–€€)*. Wer seinen Hunger nicht im Hotelrestaurant stillen möchte, bekommt in Caniço de Baixo Fisch und Meeresfrüchte bei *A Rede (Tel. 291 93 44 77, €€–€€€)* und portugiesisch-internationale Gerichte im *Café Rustico (Tel. 291 93 43 16, €€ bis €€€)*.

Curral das Freiras [117 F2]

Stall der Nonnen bedeutet wörtlich der Name des tiefsten Inseltals. Er verweist auf die früheren Eigentümer des Landes, die Klarissinnen vom Kloster Santa Clara in Funchal. Sie ließen in dem Felskessel ihr Vieh weiden. Im 16. und 17. Jh., als die Insel immer wieder von Piraten überfallen wurde, zogen sich die Nonnen mehrfach in den Schutz der bis zu 700 m hohen Bergwände zurück. Zum Dank dafür, dass sie einen besonders brutalen Freibeuterangriff im Jahr 1566 unbeschadet überstanden hatten, ließen sie später die Kapelle auf dem Dorfplatz errichten.

Spezialität des 20 km nördlich von Funchal gelegenen Ortes (200 Ew.) sind Esskastanien. Daraus stellen die Bewohner Likör, Kuchen, Brot und Suppe her. Zum Probieren empfiehlt sich das *Restaurant Nuns Valley (Casas Proximas, Tel. 291 71 21 77, €€–€€€)*, zum Übernachten der komfortable *Estalagem Eira do Serrado (25 Zi., Tel. 291 71 00 60, Fax 291 710 06, www.eira doserrado.com)* mit Sauna, Indoorpool und Restaurant am gleichnamigen ⚜ Aussichtspunkt, von dem sich ein wunderbarer Blick in den Talkessel und auf die umliegende Bergwelt bietet.

Jardim Botânico [118 C5]

Rund 2000 der schönsten (sub)tropischen Gewächse gedeihen auf

FUNCHAL

dem 3,5 ha großen Areal der Quinta do Bom Sucesso. Sie gehörte einst der Hotelfamilie Reid und liegt etwa 300 m oberhalb der Inselmetropole. Delikatere Pflanzen werden in Gewächshäusern gezogen, wo man auch diverse Schösslinge kaufen kann. Versteckt im üppigen Grün und zwischen zum Teil mehr als hundert Jahre altem Baumbestand liegt eine kleine Caféterrasse. Am Westzipfel des Gartens gewährt ein ◥◤ *miradouro* Ausblick auf Funchal.

Die Villa »Zum guten Erfolg« birgt heute das *Museu de História Natural,* ein rührend altmodisches Naturkundemuseum *(tgl. 9–12.30 und 13.30–17.30 Uhr, Eintritt inkl. Garten 1,50 Euro).* Grundstock ist die Sammlung des Ornithologen Ernst Schmitz aus dem 19. Jh.

Mit der Eintrittskarte können Sie auch den angrenzenden exotischen Vogelpark, *Jardim dos Loiros,* besichtigen *(tgl. 9–18 Uhr, Eintritt inkl. Botanischer Garten 1,50 Euro, Caminho do Meio – Quinta do Bom Sucesso).*

Unterhalb des Botanischen Gartens liegt der private *Jardim Orquidéa,* eine Zucht- und Ausstellungsstation für Orchideen, die ein Österreicher aufgebaut hat *(tgl. 9–18 Uhr, Eintritt 1,50 Euro, Rua da Pita da Silva 37).*

Monte   [118 C4]

Das kühle Klima, die reiche Vegetation, der schöne Blick auf das Meer und die Nähe zur Inselhauptstadt (8 km), machten Monte bereits vom 18. Jh. an zu einer begehrten Adresse reicher und eleganter Europäer. Viele Landsitze wurden samt Dienerschaft auf Monate vermietet, die Quinta de Nossa Senhora da Conceição etwa bot dem letzten Kaiser von Österreich, Karl I., Zuflucht im Exil. Beigesetzt wurde der Habsburger in der *Wallfahrtskirche Nossa Senhora do Monte,* auf ei-

---

Korbschlitten

Müde Beine machten erfinderisch, strapazierten aber andere

Ein britischer Handelsherr aus Monte, so heißt es, sei der Vater dieser madeirensischen Besonderheit. Er suchte ein Beförderungsmittel, das ihn rasch und bequem hinab in sein Kontor in Funchal bringen konnte. Straßen gab es zu seiner Zeit noch nicht auf der Insel, nur ein Netz schmaler, steiler Pflasterwege. Für Pferd und Wagen, Esel oder Muli waren sie oft ungeeignet. So erfolgte der Transport von Waren und Personen meist zu Fuß. Alte, Kranke und wohlhabende Fremde trug man in Hängematten oder Sänften. In Funchal kam Mitte des 19. Jhs. zusätzlich der Ochsenschlitten auf. In derselben Epoche erfand man den leichteren Korbschlitten *(carro de cesto).* Bei dem genügen zwei kräftige Männer, um das Kufengefährt anzustoßen, bergab zu lenken und vor allem wieder zum Startpunkt zurückzuziehen.

FUNCHAL

Blick vom Garten Monte Palace hinab nach Funchal

nem Hügel oberhalb des Hauptplatzes Largo da Fonte.

Der Legende nach erschien hier im 16. Jh. die Muttergottes einem Hirtenmädchen. Der Vater der Kleinen fand später an der Stelle der Erscheinung eine Marienstatue, der zu Ehren die Dorfbewohner eine Kapelle errichteten. Vor den Stufen der Kirche warten die traditionellen, ganz in Weiß gekleideten Korbschlittenlenker, um ihre Kunden in den ★ historischen Kufengefährten *(carros de cestos)* zu Tal zu steuern *(ca. 9.30–18 Uhr, 10 Euro)*.

Schon 1894 ging aber zur raschen Verbindung zwischen Monte und Funchal auch eine Zahnradbahn in Betrieb. Inzwischen ersetzt eine moderne Kabinenschwebebahn das historische, nach einem Unfall Anfang des 20. Jhs. nicht mehr benutzte Verkehrsmittel. Die Bergstation liegt unweit des tropischen Gartens Schloss Monte.

Im 18. Jh. stand auf dessen Gelände die Quinta do Prazer. Ende des 19. Jhs. ließ der damalige Besitzer dann eine schlossähnliche Villa erbauen und einen großzügigen Garten gestalten. Aus der Villa wurde das *Monte Palace Hotel.* Nach dem Zweiten Weltkrieg verfiel die Anlage zusehends. 1987 erwarb sie der in Südafrika zu Reichtum gelangte José Manuel Rodrigues Berardo und begann mit der Restaurierung. Inzwischen birgt der 70 ha große Park *Jardims Monte Palace (Mo–Sa 9–18, Eintritt 7,50 Euro, Eingang Caminho do Monte 174 und Caminho das Babosas 4)* wieder Pflanzen und Blüten aus aller Welt. Inmitten des üppigen Grüns liegen Teiche mit Kois, ein See mit einer Miniaturfestung am Ufer und ein Picknickplatz. Im *Orientalischen Garten* erwarten die Besucher Pagodenstelen, Buddhafiguren und fernöstliche Tore.

Etwas oberhalb von Monte lässt es sich auf der Terrasse der *Quinta Terreiro de Luta (€€),* im alten Garten oder an der Bar bei Cocktail oder Kaffee gut aushalten. Auch Lunch und Dinner werden serviert.

Insider Tipp

43

DER SÜDEN

Von der Küste ins Hochmoor

Im Süden und Südwesten gibt sich Madeira mal lieblich und wach, mal spröde und verschlafen

Fischerdörfer am Saum des Meeres, Bananenfelder, ein karges Hochplateau, Weingärten und reizvolle kleine Badebuchten – nur wenige Kilometer von der quirligen Inselmetropole zeigt Madeira sich vielerorts noch in unverfälschter landschaftlicher Schönheit. Von steilen Uferfelsen springen kräftige Kaskaden auf schmale Strände und kurvige Straßen, dichtes Agapanthusgrün säumt die Fahrbahn, fast jedes Haus steht umgeben von üppiger Blumenzier, lauschige Picknickplätze mit gemauerten Grills für die *espetada* laden zur Rast. Zwar dringt der Tourismus auch im Süden immer weiter vor. Aber nach wie vor gibt es genügend Möglichkeiten fürs individuelle Entdecken.

Üppige Blütenpracht

CALHETA

[114–115 C–D 1–2] 🏃 Durch ein enges Flusstal zieht sich die wichtigste Gemeinde des Südwestens (5500 Ew.) von der Küste steil in die Höhe. Eine Hand voll gemauerte Schlote und historisches Destilliergerät künden an der palmenbestandenen Uferpromenade von

Leuchtturm von Ponta do Pargo

der großen Rolle, die das Zuckerrohr für den Ort einst spielte. Schon der Sohn und eine Tochter des Inselentdeckers Zarco betrieben auf den umliegenden Ländereien dessen Anbau. Inzwischen wächst auf den Terrassen meist Wein und Gemüse. Bereits 1502 erhielt Calheta Stadtrechte und kassierte Exportzoll für Zuckerrohr.

Heute setzt man auf den Fremdenverkehr; die Ausflugsboote aus Funchal legen in der Marina an, eine Strandlagune wurde aufgeschüttet – und jedes Jahr nach der Ernte (Ende März oder im April) wird ein Zuckerrohrfest ausgerichtet mit Probierständen und Folklore. In der kleinen Grünanlage am westlichen Ende der Bucht von Vila Calheta, wie die offizielle Ortsbezeichnung lautet, errichtet die Kirchengemeinde alljährlich eine der schönsten

45

CALHETA

Am Rand des Fischerdorfs Jardim do Mar

Insider Tipp **Weihnachtskrippen** Madeiras – mit lebensgroßen Figuren und oft echten Tieren.

SEHENSWERTES

Capela dos Reis Magos
Die Dreikönigskapelle im Ortsteil Lombo dos Reis von Estreito de Calheta, dem Oberdorf, ist eines der wenigen noch nahezu unverfälscht erhaltenen Bauwerke aus manuelinischer Zeit. Einziger Schmuck ihres Äußeren ist ein winziger Glockenturm, das Kreuz des Christusritterordens sowie das in Stein gehauene Familienwappen des Erbauers. Im Inneren zeigen Holzschnitzereien die Anbetung der Heiligen Drei Könige. Auf den Seitenflügeln stellte ein flämischer Künstler Szenen aus dem Leben verschiedener Heiliger dar. Die schlichte Holzdecke wurde im Mudéjar-Stil geschnitzt. Leider ist die Kapelle meist verschlossen.

Igreja do Espirito Santo
Der Grundstein der Pfarrkirche wurde 1430 gelegt. Danach wurde das Gotteshaus mehrfach baulich verändert. Aus seinen Anfängen stammen noch die manuelinischen Verzierungen am Portal. Sehenswert ist auch die im Mudéjar-Stil geschnitzte Decke im Chor sowie der Tabernakel aus Ebenholz und Silber in einer Kapelle des Seitenschiffs.

Sociedade dos Engenhos da Calheta
Insider Tipp
Hinter dem komplizierten Namen verbirgt sich eine der wenigen noch intakten Zuckerrohrmühlen der Insel. Regelmäßig wird hier im Frühjahr Zuckerrohrschnaps *(aguardente)* für eine echte *poncha* gebrannt, Rohrzucker und Sirup *(mel de cana)* hergestellt. Besucher können den Produktionsprozess verfolgen. Auch in den übrigen Monaten kann die Anlage besichtigt werden. Es gibt zudem eine kleine Probierstu-

46

DER SÜDEN

be. *Mo–Fr 8–12.30 und 13.30–17 Uhr, Sa und So 9–17 Uhr, Eintritt frei, Vila Calheta*

ESSEN & TRINKEN

Restaurant Camarão
Ein großer, kahler Saal mit Meerblick – aber der Fisch ist fast immer fangfrisch. *Vila Calheta, Tel. 291 82 43 79, €–€€*

ÜBERNACHTEN

Atrio
★ Im Quinta-Stil errichtetes Anwesen, deutsch-französisch geführt, mit Pool, Yoga- und Meditationsangeboten. *Lombo dos Moinhos Acima, Estreito de Calheta Tel. 291 82 04 00, Fax 291 82 04 19, www. atrio-madeira.com, €–€€)*

Calheta Beach Resort
Moderner Komfort am Meer, neben einem öffentlichen Sandstrand. Healthclub, Kunstatelier, große Sonnenterrasse mit Pool, Wassersport. *102 Zi., Vila Calheta, Tel. 291 82 03 00, Fax 291 82 03 01, www.cal heta-beach.com, €€*

FREIZEIT & SPORT

Katamaranfahren, Segeln über das *Calheta Beach Hotel.* In Arco de Calheta bietet *Aerogene Lda. (Sítio das Achada de Santo Antão, Mobiltel. 964 13 39 07)* Gleitschirmflüge, Mountainbikes, Tauchkurse und Wanderungen an.

ZIELE IN DER UMGEBUNG

Jardim do Mar/Paúl do Mar
Die beiden Fischerdörfer zählen zu den ältesten Orten der Insel. Jardim do Mar **[114 C1]** hat 650 Einwohner und liegt, der Name *(jardim* heißt Garten) sagt es bereits, inmitten einer fruchtbaren Landschaft auf einem Küstenplateau 5 km von Calheta entfernt. Vom Hauptplatz des alten Stadtkerns führt ein Sträßchen hinab in Richtung Meer, wo einst ein Fort stand. Sehenswert im historischen Zentrum ist die – angeblich der Notre Dame von Paris nachempfundene – *Pfarrkirche Nossa Senhora de Rosario.*

In der Nähe beginnt der 4 km lange Klippenweg (für PKW gesperrt) nach Paúl da Mar **[108 B6]**.

MARCO POLO Highlights
»Der Süden«

★ **Boca da Encumeada**
Bei gutem Wetter herrliche Rundumsicht bis zu den Küsten (Seite 53)

★ **Paúl da Serra**
Hochmoorlandschaft wie in Schottland – mit atemberaubenden Ausblicken (Seite 48)

★ **Atrio**
Stilvolle kleine Herberge im Quinta-Stil in Calheta (Seite 47)

★ **Ponta do Pargo**
Herrliche Küstenblicke vom Kap des Leuchtturms (Seite 49)

CALHETA

Madalena do Mar zählt zu den wichtigen Bananenanbaugebieten

Eng drängt sich das historische Viertel dieser Siedlung (850 Ew.) hinter einem schmalen Kai direkt ans Meer. Ein großer Gummibaum beschattet den zentralen Platz. Links geht es hinab zum kleinen Hafen mit der Fischhalle, um die herum naive Wandmalereien entstanden sind. An der Slipanlage für die bunten Fischerboote wird gebadet. Fast senkrecht ragen dahinter die Klippen auf – bis zu einer Höhe von nahezu 300 m. Durch enge Gassen gelangt man zum modernen Westteil des Ortes, wo einst die Salinen, eine Zuckerrohrmühle und eine Thunfischfabrik lagen. Leckere Fischgerichte mit Blick aufs Meer gibt's im Restaurant *Bay Side Cafe (tgl. 6–23 Uhr, Vila Paúl do Mar, in Hafennähe, Tel. 291 87 20 22, €–€€)*, übernachten können Sie im neuen *Aparthotel Paúl do Mar* am Westzipfel der Bucht *(60 Studios, Ribeira das Galinhas, Tel. 291 87 00 50, Fax 291 87 00 59, €€)* oder in dem vom britischen Landhausstil geprägten *Hotel Jardim do Mar (30 Zi., Jardim do Mar, Sítio da Piedade, Tel. 291 82 36 16, Fax 291 82 36 17, €–€€).*

Madalena do Mar [115 E3]
Zahlreiche wohlhabende Funchaleser haben in dem gediegenen Küstenort (700 Ew.) ihre Wochenendvillen. Er ist 3,5 km von Calheta entfernt und zieht sich an einer weiten Bucht am Fuß steiler Bananenterrassen entlang. In der Pfarrkirche soll Heinrich der Deutsche begraben sein. Der sagenumwobene Unbekannte, in dem einige glauben, den offiziell in der Schlacht von Varna gefallenen polnischen König Ladislaus III. zu erkennen, kam 1454 nach Madeira und erhielt kurz darauf ausgedehnte Ländereien von Zarco zugewiesen.

Beliebt ist das *Restaurante Madalena Mar (Sítio da Vargem, Tel. 291 97 20 81, €–€€)* mit Straßenterrasse und Fischspezialitäten.

Paúl da Serra [110 A–C6]
★ Die Hochebene, 11 km nordöstlich von Calheta, erinnert an schottische Hochmoorlandschaften. Die Vegetation ist ausgesprochen spärlich; nur robuste Pflanzen, Gräser Ginster und Adlerfarn, halten das raue Klima auf der fast 1000 m hohen Gebirgsplatte aus. Paúl da Ser-

DER SÜDEN

ra ist für die gesamte Insel ein wichtiges Auffangbecken für Regenwasser. Es wird zum großen Teil über Levadas verteilt und auch gezielt in Kraftwerke geleitet. Neben dem Wasser sorgt auch der Wind hier für Energie: Dutzende von Windgeneratoren recken ihre Flügel in den Himmel. Bei gutem Wetter bieten sich von der 🔽 Panoramastraße traumhafte Ausblicke.

Etwa auf halber Strecke geht es hinab ins *Tal von Rabaçal,* wo Sie zum *Risco-Wasserfall* und in einen Felskessel namens *25 Fontes* (25 Quellen) wandern können. Wer auf dem von keinem öffentlichen Bus angesteuerten Hochplateau übernachten möchte, findet ein Bett im modernen *Estalagem Pico da Urze (27 Zi., Tel. 291 82 01 50, €€).*

Prazeres   [108 C6]

Der Ort (1500 Ew., 7,5 km nordwestlich von Calheta) ist bestens geeignet als Basis für Wanderungen im Westteil der Insel: hinab nach Paúl do Mar, längs verschiedener kleiner Levadas oder hinauf zur Hochebene Paúl da Serra. Einzige Attraktion ist die doppeltürmige *Pfarrkirche.* Sie stammt ursprünglich aus dem 18. Jh., wurde aber um 1940 restauriert. Madeirensische Künstler statteten das Innere im bäuerlich-naiven Barockstil aus.

Einen Steinwurf von der Kirche entfernt steht der nette *Estalagem de Prazeres (10 Zi., Tel. 291 82 30 70, Fax 291 82 30 72, €)* mit lauschiger Gartenterrasse, wo Sie auch einen Snack bekommen. Auf einer Landspitze liegt das deutsch geführte *Apartment- und Bungalowhotel Jardim Atlantico (97 Zi., Lombo da Rocha, Tel. 291 82 22 00, Fax 291 82 25 22, www.jardim atlantico.com, €€–€€€)* mit Beauty- und Vitaleinrichtungen.

PONTA DO PARGO

[108 A–B 3–4] Hauptsehenswürdigkeit der sechs verstreute Ortsteile umfassenden Gemeinde (1300 Ew.) ist der 1922 auf der Rocha da Vigia eingeweihte Leuchtturm *(farol)* in Salão de Baixo. Sein Inneres kann aber leider nicht mehr besichtigt werden. Dafür wurde im Sockelbau eine Dauerausstellung mit Fotos und Texten zum Thema Leuchttürme auf der Insel eingerichtet *(Mo–Fr 10–12 und 14–17 Uhr, Eintritt frei).* Von dem ★ 🔽 Platz am Fuß des Leuchtturms bietet sich ein herrlicher Blick auf die Steilküste

---

Lesetipps

Diese Bücher stimmen Sie auf Ihren Madeira-Urlaub ein

Namhafte Schriftsteller beschäftigen sich kaum mit Madeira. Einzige Ausnahme bisher: Helena Marques. Ihr Roman »Raquels Töchter« macht die Insel zum Schauplatz eines Eheromans, der im 19. Jh. spielt. Fernando Pessoas »Das Buch der Unruhe« liefert den Schlüssel zur portugiesischen Seele schlechthin.

PONTA DO PARGO

und auf das gebirgige Landesinnere. Das kleine Zentrum von Ponta do Pargo (Salão de Cima) liegt um die *Kirche São Pedro.* Sie erhielt erst kürzlich einen neuen Gemäldehimmel, ausgeführt von einem in der Gemeinde ansässigen zeitgenössischen flämischen Künstler.

Insider Tipp

ESSEN & TRINKEN

Casa de Chá O Fio

Geschmackvolles »Teehaus« mit Terrasse, an einem Aussichtspunkt gelegen. Regionale Spezialitäten und hausgemachte Kuchen. *Salão de Baixo, Tel. 291 88 21 70, €€*

Restaurante Bar A Carreta

Köstliche *espetadas* und guter Fisch. Oberhalb des Restaurants liegen 4 Gästezimmer. An der Hauptstraße nach Porto Moniz. *Lombada Velha, Tel. 291 88 21 63, €*

ÜBERNACHTEN

Insider Tipp

Bungalows d'Amparo

Vier Häuschen in einem großzügigen Terrassengarten. *Amparo, Tel. und Fax 291 88 24 16, bungamparo@mail.telepac.pt, €*

Residencial O Farol

Freundliche, einsam gelegene Pension an der Straße zum Leuchtturm. Im Erdgeschoss ein beliebtes Restaurant. *Salão de Baixo, Tel. 291 88 00 10, Fax 291 88 00 19, www.residencialofarol.pt.vu, €*

FREIZEIT & SPORT

Wanderungen z. B. an der Levada bis Fajã da Ovelha oder durch Dörfer und Wiesen bis zur Wallfahrtskirche im Ortsteil Cabo.

ZIELE IN DER UMGEBUNG

Achadas da Cruz   [108 C2]

Ein moderner Kabellift *(teleférico)* ist die Hauptattraktion des sonst verschlafen wirkenden Örtchens (200 Ew.) 10 km nordöstlich von Ponta do Pargo. Fast senkrecht schwebt die Kabine die gut 300 Höhenmeter hinab zum Meer. Felsen und große Rundkiesel liegen in der Brandung, wer baden will, muss sie erst überklettern.

Insider Tipp

Capela da Nossa Senhora da Boa Morte/Cabo   [108 B2–3]

Einsam steht die kleine Wallfahrtskirche aus dem frühen 20. Jh. auf einem Landvorsprung, weit außerhalb der letzten Häuser von Cabo (ca. 50 Ew.), 4 km nordöstlich von Ponta do Pargo. Zu ihren Füßen plätschert versteckt eine Quelle, aus der die Bäuerinnen früher ihr Wasser holten. Dabei erschien ihnen angeblich mehrfach die Jungfrau Maria. Ende Juli, Anfang August wird die Gottesmutter mit einer Prozession geehrt – einer der wenigen Anlässe, bei denen die Kapelle geöffnet ist.

Fajã da Ovelha   [108 B5]

Der Ort (1100 Ew.), 12 km südlich von Ponta do Pargo, balanciert auf einer Kuppe hoch über dem Atlantik. Die Kirche São João de Batista mit dem schönen Glockenturm stammt aus dem 17. Jh. Ihr reizvolles Steinmuster vor dem Eingangsportal zeigt ein Lamm mit einem Banner im Rücken. Im Dorf selbst stehen noch einige typische alte Häuser, darunter ein Herrensitz mit einem verschwenderisch gestalteten Kamin, schönen Dachziegeln und den traditionellen Schutzfigu-

50

DER SÜDEN

ren an den vier Dachzipfeln. Von ◁▷ Fajã da Ovelha bietet sich ein reizvoller Blick auf den Felsen, unter dem Paúl do Mar liegt – am besten von der Terrasse des *Restaurante Precipício (Tel. 291 87 24 25, €)* aus, das Hausmannskost und frischen Fisch serviert.

PONTA DO SOL

[116 A4] Zwischen zwei hohen Felsenkaps staffelt sich Ponta do Sol (4000 Ew.) vom Meer himmelwärts. Der alte Kern umfasst nur knapp zwei Dutzend Häuser, die Kirche – dann beginnen schon die terrassierten Bananenfelder. Am Küstensaum erstreckt sich grauer 🏃 Kieselstrand über die kleine, von Einheimischen im Sommer viel besuchte Bucht. An der Uferpromenade laden Kaffeehausstühle ein. Dahinter ragten einst die Mauern einer Zuckerrohrfabrik auf. Sie wichen erst kürzlich einem Hotel. Denn auch die »Sonnenspitze« (so die Übersetzung des Ortsnamens) putzt sich heraus für den Fremdenverkehr. Einer der frühesten Gäste war übrigens Christoph Kolumbus – der Zuckerbaron João Esmeralda hatte ihn auf seine Quinta im Weiler Lombada eingeladen. Heute ist hier eine Schule untergebracht.

SEHENSWERTES

Igreja Nossa Senhora de Luz
Die im Mudéjar-Stil geschnitzte Holzdecke im Altarraum stammt vermutlich noch aus der ursprünglichen, um 1500 erbauten Kirche. Gleiches gilt für das grün glasierte Keramiktaufbecken, ein Geschenk von König Manuel I.

Villa Passos
In diesem alten Bürgerhaus etwas oberhalb der Kirche lebte der Großvater des amerikanischen Schriftstellers John dos Passos (»Manhattan Transfer«), Manuel Joaquim Dos Passos. Er wanderte im 19. Jh. in die USA aus. Eine Messingtafel erinnert an den Besuch des Enkels 1960. Zurzeit wird das Anwesen restauriert und zu einem Kulturzentrum *(Centro Cultural de Ponta do Sol – Casas John dos Passos)* ausgebaut. *Rua Principe D. Luis I.*

ÜBERNACHTEN

Quinta do Alto São João
Stilvoll ausgestattetes historisches Haus mit Gemüse- und Obstfarm auf einer Bergschulter über dem Ort. *14 Zi., Lombo de São João, Tel. 291 97 41 88, Fax 291 97 41 87, www.madeiramanorhotel.com, €€*

Insider Tipp

RIBEIRA BRAVA

[116 C4–5] 🏃 Der Küstenort mit 9000 Einwohnern liegt an der Mündung eines breiten, bei Regen »wild« *(brava)* fließenden Flusses *(ribeira)*. Durch die Schnellstraße nach Funchal ist er auch bei Madeirensern als Sommerfrische und Wochenendziel beliebt. Entsprechend rasch fraß und frisst sich die Gemeinde mit immer neuen Apartmentbauten in die umliegenden Bananenfelder hinein. Am breiten Kiesstrand herrscht in den Sommermonaten mächtig viel Betrieb. Im Schatten des zum Meer offenen Hauptplatzes laden zahlreiche Cafés zum Verweilen. Eine moderne Markthalle und Geschäfte zeugen ebenfalls vom Wachstum des Ortes.

51

RIBEIRA BRAVA

Am Kiesstrand von Ribeira Brava ist im Sommer viel los

SEHENSWERTES

Altstadt
Der historische Stadtkern liegt um die verkehrsberuhigte Rua do Visconde. Kleine Geschäfte bieten hier zum Teil noch im Stil alter Krämerläden alles Alltagsnotwendige feil und haben mitunter sogar einen Schanktresen integriert. In einer Gartenlage mit hohen alten Bäumen versteckt sich die *Câmara Municpal* (Rathaus), – eine roséfarben getünchte Quinta aus dem späten 18. Jh.

Igreja de São Bento
Auffälligstes Merkmal der Pfarrkirche ist die Turmspitze mit weißblauem Kachelmuster und dem Kugelsymbol (Armillarsphäre) der portugiesischen Entdecker. Bereits um 1440 wurde der Grundstein gelegt; das Gotteshaus zählt somit zu den ältesten der Insel. Während der Barockzeit erhielt es allerdings ein völlig neues Gesicht. Original erhalten sind das von Portugals König Manuel I. gestiftete Taufbecken in der Kapelle rechts vom Eingang sowie die manuelinische Kanzel.

MUSEUM

Museu Etnográfico da Madeira *Insider Tipp*
Untergebracht ist das Volkskundemuseum in einem Herrenhaus des 15. Jhs., das ursprünglich zum Besitz des Klosters Santa Clara gehörte. In stilvollem Rahmen werden alte Handwerke dokumentiert, Transportmethoden, Anbau- und Erntetechniken auf der Insel. Zudem informiert eine Dauerausstellung über Fischfang und traditionellen Lebensstil. In einem kleinen Souvenirshop können Sie hübsche Webarbeiten, die im Museum hergestellt wurden, kaufen. Ein Teil des Museums dient als Galerie mit Wechselausstellungen zeitgenössischer Kunst. *Di–So 10–12.30 und 14–18 Uhr, Eintritt 1,75 Euro, Rua de São Francisco 24*

ESSEN & TRINKEN

Agua Mar
☆ Unmittelbar oberhalb des Strandes, toller Meerblick, frischer Fisch und hausgemachtes Brot. *Av. Engenheiro (Küstenstraße), Tel. 291 95 11 48,* €€

DER SÜDEN

ÜBERNACHTEN

Hotel do Campo
Neues, etwa 1,5 km außerhalb gelegenes Haus. Pool und Healthclub. *33 Zi., Pico Banda d'Alem, Tel. 291 95 02 70, Fax 291 95 02 79, www.hoteldocampo.com, €€*

Residencial São Bento
Pension mit im alt-madeirensischen Stil möblierten Zimmern. *22 Zi., Rua 1 Dezembro, Tel. 291 95 15 06, Fax 291 95 15 05, €–€€*

AUSKUNFT

Touristeninformation
Mo–Fr 9–12 und 14–17 Uhr; Sa 9.30–17 Uhr; Forte de São Bento, Tel. 291 95 16 75

ZIEL IN DER UMGEBUNG

Boca da Encumeada   [117 D1]
★ 13 km nördlich von Ribeira Brava und gut 1000 m über dem Meeresspiegel öffnet sich dieser Mund *(boca)* auf dem Höhenzug und gibt ein aufregendes Panorama frei: auf die Nordküste mit São Vicente, die Hochebene Paúl da Serra, das Tal von Serra de Água, das wilde Gebirgsherz mit seinen Schluchten und Picos. An der Passhöhe beginnen auch mehrere anspruchsvolle Wanderstrecken – z. B. über den Pico do Jorge und den Pico das Torrinhas zum Pico Ruivo.

Als Standquartier bieten sich etwas unterhalb des Boca da Encumeada die gemütlich-elegante *Pousada dos Vinháticos (15 Zi., Serra de Água, Tel. 291 95 23 44, Fax 291 95 25 40, www.dorisol.pt, € bis €€)* an, ein trutziges Basaltsteinhaus mit urigem Panoramarestaurant. Oder alternativ das ebenfalls einen herrlichen Bergblick bietende *Hotel Encumeada (37 Zi., Feiteiras, Serra de Água, Tel. 291 95 12 82, €–€€)*, wo der Koch herzhafte Grillgerichte und regionale Küche serviert.

Bananenstauden im Tal von Serra de Água

DER NORDEN

Wilde Kulisse, herrliche Blicke

Lange Zeit war Madeiras rauer Norden nur auf dem Seeweg zu erreichen

Zwischen Porto Moniz und Porto da Cruz zeigt sich die Insel von ihrer rauen Seite: Die Küste ist steiler, das Meer gebärdet sich wilder, oft bläst ein kräftiger Wind – beides zur Freude ambitionierter Surfer –, und es fällt fast doppelt so viel Regen wie im Süden. Im Ausgleich dafür gibt es jedoch eine Fülle spektakulärer Erlebnisse und Bilder. Eine schmale Klippenstraße schlängelt sich oft hart am Saum der Wellen entlang.

Inzwischen wurden zwar an den engsten Stellen, zwischen Seixal und São Vicente, Ausweichtunnel in den Fels getrieben. Trotzdem bleibt die Fahrt ein Abenteuer – allein schon wegen der herrlichen Ausblicke: bei schönem Wetter bis nach Porto Santo. Und wegen der Wasserfälle, die von der Höhe herunterstieben. Bizarr geformte Gesteinstürme und jahrtausendealte, natürliche Swimmingpools aus erkalteter Lavamasse, zählen ebenfalls zum Panorama. Mancherorts klammern sich auch Rebterrassen an die schroffen Hänge, von Zäunen aus Baumheide sorgsam geschützt gegen stetige Böen und

Blick von Cabanas auf die Nordküste bei Sonnenuntergang

Nehmen Sie Ihre Wanderstiefel mit

Salzluft. Und immer wieder öffnen sich fruchtbare Täler zum Herzen der Insel, ziehen sich hinauf bis in die Bergregionen mit atemberaubenden Felsgipfeln, kargen Hochplateaus und Laurazeendschungel.

PORTO MONIZ

[109 D1] Berühmt für seine Vulkanbecken, zieht das schmucke Küstenörtchen (2000 Ew.) im Sommer und an Wochenenden Besucher in Scharen an – vor allem einheimische. Die Pools verdanken ihr Entstehen einer Lavazunge, die vor Jahrtausenden hier ins Meer floss und durch Wind- und Wellenkraft Höhlungen erhielt. Erst kürzlich wurde die Badeanlage komplett restauriert. Auch das verfallene Fort

PORTO MONIZ

Die einzigartigen Lavaschwimmbecken von Porto Moniz

São Baptista erstrahlt wieder in altem Glanz. Und der mit naiven Malereien verzierte Hafen soll ausgebaut werden zu einer Marina.

Die Besiedlung von Porto Moniz begann um 1533. Damals ließ sich der vom portugiesischen König zum Verwalter der Ländereien bestellte Francisco Moniz hier nieder. Bis ins 19. Jh. war der Ort Walfangstation und wichtiger Handelshafen – aber nur per Schiff zu erreichen. Die erste Küstenstraße entstand erst Mitte des 20. Jhs.

Der eigentliche Ortskern von Porto Moniz liegt oberhalb des Hafens, um die Kirche Nossha Senhora da Conceição. Sie stammt aus dem 17. Jh. und ersetzte die Kapelle, die sich die Einwohner im 16. Jh. unten am Meer erbaut hatten. Ursprünglich wuchsen auf diesem Terrain nur Reben. Heute ist die Region um Porto Moniz auch bekannt als eines der wichtigen Kartoffelanbaugebiete Madeiras. Von Ponta do Pargo kommend, liegt an der Straße oberhalb des Hauptorts ein Aussichtspunkt mit traumhaftem Blick hinab zur Küste.

ESSEN & TRINKEN

Salguiero
Modernes, familiär geführtes Restaurant mit kleiner Aussichtsterrasse. Frischer Fisch, *lapas*, Früchte – all das gibt es in ordentlichen Portionen. *Lugar do Tenente, Tel. 291 85 37 20, €€*

ÜBERNACHTEN

Apartamentos Gaivota
Sauberes kleines Apartmenthotel nur wenige Schritte von den Meerwasserbecken. *10 Apts., Tel. 291 85 99 30, Fax 291 85 00 40, €*

Campingplatz
Zwischen Hafen und Meerwasserpools. Eine Verlegung nach Ribeira

DER NORDEN

da Janela oder Arredor ist geplant. *Ganzjährig, Tel. 291 85 34 47*

Moniz Sol
Modernes, neues 3-Sterne-Haus in jungem Design, nur ein paar Schritte vom Hafen. *46 Zi., Tel. 291 85 01 50, Fax 291 85 01 55, www.hotelmonizsol.com,* €€–€€€

FREIZEIT & SPORT

Schwimmen in den ★ Lavapools: Im Ortszentrum wurden die flachen, zur offenen See allmählich tiefer werdenden Becken mit Beton befestigt und durch Umkleidekabinen ergänzt *(ganzjährig frei zugänglich)*. Einige Schritte weiter kann man beim Restaurant *Cachalote* in naturbelassene Becken aus erstarrter Vulkanmasse steigen; hier gibt es aber keine Umkleidekabinen.

AUSKUNFT

Touristeninformation
Mo–Fr 10–15.30 Uhr; Sa 12–15 Uhr, Am Hafen, Tel. 291 85 25 94

ZIEL IN DER UMGEBUNG

Ribera da Janela [109 D–E2]
Das Wasser des gleichnamigen Flusses, der an dieser Stelle mündet, hat sich im Lauf der Zeit ein grandioses, wild zerfurchtes Tal gegraben, dessen Felswände zum Teil noch mit niedrigem Lorbeerwald überzogen sind. Die Schlucht gehört zu den Eindrucksvollsten der Insel. Der Ort (370 Ew., 2 km südöstlich von Porto Moniz) und der Fluss haben ihren Namen von einem fingerförmigen Felsen vor der Mündung, in dessen Spitze im Lauf der Zeit eine fensterartige Öffnung *(janela)* entstanden ist. Vom Ortsende führen eine Piste und eine Levada hinein ins *Fanal,* eines der ursprünglichsten Gebiete Madeiras.

SANTANA

[112–113 C–D 3–4] Santana ist der bekannteste Ort (5000 Ew.) an der Nordküste – dank seiner strohgedeckten historischen (Holz-)Häuser.

MARCO POLO Highlights »Der Norden«

★ **Casas de Colmo**
Mensch und Tier lebten früher in diesen Hütten zusammen (Seite 58)

★ **Lavapools**
Natürliche Plantschbecken in Porto Moniz (Seite 57)

★ **Igreja de São Jorge**
Die schönste Kirche des Inselnordens (Seite 60)

★ **Pico Ruivo**
Madeiras höchster Gipfel (Seite 59)

★ **Aussichtspunkt Cabanas**
Küstensicht satt und am Straßenrand frische exotische Früchte (Seite 60)

★ **Grutas de São Vicente**
Spazieren Sie hinein in den Bauch der Insel (Seite 60)

SANTANA

Gut hundert dieser ★ *casas de colmo* liegen noch im Gemeindebezirk. Drei wurden neben dem modernen Rathaus wieder aufgebaut; eines birgt hinter seiner farbenfrohen Fassade Originalmobiliar. Ein weiteres ist Sitz des Tourismusbüros.

Da die Terrassenfelder um Santana weniger eng und steil sind als sonst an der Küste, wird viel Gemüse angebaut. Zudem werden Korbweiden kultiviert, deren Ruten den Korbflechtern von Camacha als Rohmaterial dienen.

Unterhalb der Kirche von Santana weist ein Schild zur Rocha do Navio. Vom Fels hinab zum winzigen Strand verkehrt ein Lift *(tgl. 9–19 Uhr)*. Im Juli erwacht Santana aus seinem Dornröschenschlaf und putzt sich heraus für die *24 Horas de Bailar.*

Insider Tipp

ESSEN & TRINKEN

Restaurante Estrela do Norte,
Alvaro kochte fast 20 Jahre in der Schweiz, bevor es ihn zurückzog in die Heimat. Beide Länder prägen die Speisekarte. *Pico António Fernandes, Tel. 291 57 20 59, €–€€*

Restaurante O Colmo
Rustikales, auch bei Einheimischen beliebtes Lokal mit regionaler Kost. Auf der kleinen Straßenterrasse steht eine Casa de Colmo. *Sítio do Serrado, Tel. 291 57 24 78, €–€€*

ÜBERNACHTEN

Casa da Tia Clementina
◁◁ Restauriertes Landhaus aus dem 19. Jh. Meerblick, hübscher Garten, Salon mit Fachwerkbalken. *5 Zi., Achada Simão Alves, Tel. 291 22 61 25, Fax 291 22 75 26, €€*

Quinta do Furão
◁◁ Einsam gelegene, komfortable Hotelanlage im Landhausstil mit Sauna, Hallenbad und Rebgarten direkt an der Steilküste. Der tolle Ausblick lockt auch viele Busausflügler. *43 Zi., Achada do Gramacho, Tel. 291 57 01 00, Fax 291 57 21 31, www.quintadofurao.com, €€*

Residencial O Cortado
Engagiert geführte Pension in herrlicher Umgebung mit Pool und Sonnenterrasse. *28 Zi., 12 davon in einem komfortableren Neubau, Sítio do Cortado, Tel. 291 57 22 40, Fax 291 57 35 38, €–€€*

AUSKUNFT

Touristeninformation
Tgl. 9–12 und 14–17 Uhr, Sítio do Serrado, Tel. 291 57 29 92

ZIELE IN DER UMGEBUNG

Faial [113 E4–5]
Umgeben von Rebterrassen und Obstgärten, ruht die anmutige 2200-Seelen-Dorf, 9 km südöstlich von Santana, mit seiner schlanktürmigen, weißen Kirche am Fuß eines fast 600 m aufragenden Küstenbergs – des Penha de Águia. Fischadler sollen dort genistet haben, und von einer bestimmten Stelle aus gleicht seine Westflanke einem Vogelgesicht – daher der Name. Vom ◁◁ Gipfel bietet sich ein prachtvoller Ausblick über die Nordküste bis Cortado do Santana. Wenn Sie Lust haben auf frische Speckforelle mit einem Berg Gemüse und Süßkartoffeln sind Sie richtig in der erst kürzlich geschmackvoll erweiterten Casa de Chá do Faial *(Lombo do Baixo, Tel. 291 57 22 23,*

Insider Tipp

58

DER NORDEN

€€). Auch Einheimische schätzen das großzügige, mit Holz und Korbmöbeln ausgestattete Restaurant als Ziel für eine Familienausflug.

Pico Ruivo [112 A–B6]
★ Madeiras höchster Gipfel (1862 m), 10 km südwestlich von Santana, ist über Achada do Teixeira ein herrliches Wanderziel. Wenn das Wetter mitspielt, bietet sich vom ☼ Gipfel ein grandioses Panorama. Mit guter Kondition und entsprechender Ausrüstung können Sie weiterwandern zum 1818 m hohen Pico do Arieiro [118 B2] und am Schluss der Tour einkehren oder übernachten in der komfortablen *Pousada de Arieiro (25 Zi., Tel. 291 23 01 10, Fax 291 22 86 11, €€)*.

Porto da Cruz [113 F5]
Der Hafen *(porto)* des Kreuzes *(cruz)*, welches die ersten der heute 3200 Siedler aufstellten, zählt zu den ältesten Orten der Insel und liegt 12 km südöstlich von Santana. An der Landspitze zwischen zwei lavaschwarzen (Sand-)Stränden steht eine der wenigen verbliebenen Zuckermühlen Madeiras. Während der Erntemonate März und April kann man direkt vor dem Fabrikgebäude den hochprozentigen Zuckerrohrschnaps *(aguardente de cana)* probieren. Auch andere Traditionen haben sich in Porto da Cruz erhalten: Zur Weinlese sind dort nach wie vor *borracheiros* im Einsatz, Vertreter der einst großen Trägerzunft Madeiras, die Wein in Ziegenschläuchen transportieren. Urige Weinkeller, zum Teil fast 400 Jahre alt, liegen ebenfalls in der Gemeinde. Für eine gute Basis vor einer Verkostung sorgt das Restaurant *Praça Velha (Casas Próximas, Tel.*

Faial und der Penha de Águia

291 56 26 23, €€) mit Fischspezialitäten und Meerblick. Sollten Sie übernachten wollen, empfiehlt sich direkt im Ort die einfache, familiäre *Albergaria Penedo (8 Zi., Rua Dr. João Abel Freitas, Tel. 291 56 30 11, Fax 291 56 30 12, €)*, etwas außerhalb das stilvoll umgebaute historische Herrenhaus *Quinta do Capela (4 Zi., Sítio do Folhadal, Tel. 291 56 24 91, Fax 291 23 53 97, €€)*.

Queimadas [112 C5]
Ein 4,5 km langes holpriges Sträßchen führt von Santana hinauf zu dieser regierungseigenen Feriensiedlung. Sie liegt malerisch auf 900 m Höhe in einer Lichtung, umgeben von Rhododendren und einer Teichlandschaft mit Picknicktischen. Von den Queimadas aus bieten sich verschiedene Wandermög-

SÃO VICENTE

lichkeiten an. So kann man abzweigen zur 〰 Levada do Caldeirão Verde. Sie führt mit prachtvollen Ausblicken auf die Küste über den kleinen, von einem Wasserfall gespeisten grünen See *(Caldeirão Verde)* in den Naturpark Madeira.

São Jorge   **[112 C2–3]**
Hauptattraktion des Ortes (6 km nordwestlich von Santana) ist die ★ *Igreja de São Jorge.* Mit ihren vergoldeten Barockschnitzereien und dem Kachelfries aus dem 18. Jh. gilt die Pfarrkirche als das schönste und kunsthistorisch wertvollste Gotteshaus des Nordens. Auf dem vierstöckigen Hauptaltar steht die Figur des hl. Georg. Er ist Schutzpatron und Namensgeber der Siedlung, die bereits im 15 Jh., damals allerdings noch direkt am Meer, existierte, jedoch durch eine heftige Flut im 17. Jh. zerstört wurde. Danach zogen sich die Bewohner (heute sind es 2000) auf die sichere Anhöhe zurück. Auf ihren, oft hinter hohen Mauern versteckten Anwesen, lassen sich häufig Reben entdecken. In São Jorge kultiviert man nicht nur Trauben für die großen Madeira-Herstellerfirmen, sondern es wird auch reichlich Wein für den Privatgebrauch gekeltert. Wer einen schönen Küstenblick genießen möchte, kann von der Kirche bis zu der ins Meer ragenden 〰 *Ponta de São Jorge* mit dem Leuchtturm *(farol)* fahren.

Insider Tipp

Direkt hinter der Kirche steht der Nachbau eines für die Region von São Jorge einst typischen, viereckigen Strohdachhauses. Es birgt das kleine Lokal *Casa de Palha (Achada Grande, Tel. 291 57 63 82, €)*, in dem Sie Snacks und einfache warme Gerichte bekommen.

In Richtung Westen schlängelt sich die Küstenstraße von São Jorge hinauf zum viel besuchten Aussichtspunkt 〰 ★ *Cabanas* mit Souvenirladen und Restaurant. Seinen Namen hat er von den 25 Rundhütten, die hier komfortable und ruhige Unterkunft bieten – sogar mit Pool *(Cabanas Village, Beira da Quinta, Tel. 291 56 72 91, Fax 291 57 60 32, €€)*.

SÃO VICENTE

[110–111 C–D 4–5] In den 80er-Jahren mit EU-Mitteln herausgeputzt, hat das 4000 Einwohner zählende Vorzeigedorf Madeiras inzwischen sogar einen Denkmalschutzpreis bekommen. Seine adrett geweißten Häuser mit einer Hand voll Lädchen und Restaurants im Untergeschoss drängen sich in den Gassen und Treppenwegen um die Pfarrkirche. Einige Schritte weiter meerwärts entstand eine moderne Weinkooperative.

SEHENSWERTES

Capela de São Vicente
In den Felsen, der direkt in der Flussmündung des Ribeiro do São Vicente steht, baute man 1692 eine winzige Kapelle, die ebenfalls dem hl. Vinzenz geweiht ist. Vielen Künstlern und Fotografen diente das markante Heiligtum als Motiv. Auch auf einer portugiesischen Briefmarke ist es wiedergegeben.

Grutas de São Vicente
★ Am Ortsausgang in Richtung Encumeada-Pass veranschaulichen die Grutas de São Vicente die geologische Vergangenheit Madeiras. Auf

DER NORDEN

Beeindruckend sind die Vulkanhöhlen bei São Vicente

ca. 700 m Länge wurde hier ein vor 400 000 Jahren, beim letzten Vulkanausbruch auf der Insel entstandenes, Mitte des vorigen Jahrhunderts erstmals erforschtes Lavatunnelsystem für Besucher erschlossen. *Führungen tgl. 10–18.30 Uhr, Eintritt 4 Euro, Sítio do Pé do Passo).*

Auf dem Grottengelände liegt auch ein Pflanzenpark mit nahezu allen endemischen Küstengewächsen Madeiras. *Eintritt frei*

Igreja de São Vicente

Altarraum und Seitenaltäre des Gotteshauses aus dem 17. Jh. sind mit den typischen Goldschnitzereien *(talha dourada)* des portugiesischen Barock ausgestattet. Die Wände ziert ein schöner, bildhafter Azulejo-Fries. Und auf dem Deckengemälde im Hauptschiff sieht man den hl. Vinzenz, wie er gerade den nach ihm benannten Ort segnet. Auch das neben der Zahl 1943, dem Restaurierungsdatum der Kirche, in die schwarz-weiße Bodenpflasterung vor dem Gotteshaus eingelegte Segelschiffmotiv, verweist auf die Legende des Märtyrers. Neben der Kirche liegt im Schatten hoher Palmen der Gemeindefriedhof mit einigen sehr alten Gräbern.

ESSEN & TRINKEN

Quebra Mar

Madeirensische und internationale Kost. Spezialität: Fisch. *Sítio de Calhau, Tel. 291 84 23 38, €–€€*

Restaurante Galeão

Deftige Hausmannskost und Fischgerichte. *Vila, Tel. 291 84 28 22, €*

ÜBERNACHTEN

Casa da Camelia

Restauriertes Herrenhaus mit zwei neuen doppelstöckigen Häusern. *6 Zi., Sítio de Poiso, Tel. 291 84 22 06–07, Fax 291 84 22 08, €–€€*

61

SÃO VICENTE

Einsame Spitzen

Madeira und Porto Santo sind die Gipfel eines Vulkangebirges unter dem Atlantik

Madeira und Porto Santo sind nichts anderes als die Spitzen eines gigantischen Vulkangebirges, dessen Basis in mehr als 4000 m Tiefe liegt. Vor zirka 20 Mio. Jahren tauchten sie – nach einer Serie von Eruptionen – aus den Atlantikwellen auf. Bis vor rund 2000 Jahren setzten sich die vulkanischen Aktivitäten auf dem Archipel fort. Noch heute kann man auf Madeira den Verlauf der Lavaströme und die -schlote an einigen Stellen gut erkennen: in und bei Porto Moniz, zwischen Pico do Arieiro und Pico Ruivo, zwischen Fajã da Ovelha und Jardim do Mar.

Estalagem Calamar
Kleine Anlage direkt am Meer mit drei Pools. *15 Zi., Sítio dos Juncos, Fajã da Areia, Tel. 291 84 22 18, Fax 291 84 22 50, €–€€*

ZIELE IN DER UMGEBUNG

Ponta Delgada   [111 E–F3]
Einmal im Jahr erlebt der sonst eher beschauliche Ort (1400 Ew., 7 km östlich von São Vicente) mit seinen bei Flut überspülten Meerwasserbecken einen Massenansturm: am ersten Septembersonntag, wenn die Wallfahrer kommen, um die Holzfigur des Senhor Bom Jesús zu verehren. Das Kruzifix soll im 15. Jh. in einer Kiste hier angespült worden sein. Das später an der Fundstelle errichtete Gotteshaus brannte zu Beginn des 20. Jhs. fast vollständig aus. Dabei fing auch das Kreuz Feuer. Ein verkohlter Rest konnte gerettet werden. Er wird in der neuen, im Barockstil reich dekorierten Kirche hinter Glas aufbewahrt.

Vom ⚜ Weg, der um die Apsis herumführt, hat man einen schönen Ausblick auf die Küste in Richtung São Jorge. Direkt oberhalb der Steilküste liegt das 2002 eröffnete Hotel *Monte Mar Palace (108 Zi., Tel. 291 86 00 30, Fax 291 86 00 31, www.montemar-palace.com, €€ bis €€€)*, ein 4-Sterne-Haus mit beheiztem Hallenbad und Meerwasserpool, Healthclub, Sauna, Tennis- und Squashplätzen.

Eine intime Alternative zu der noblen Herberge findet sich 2 km landeinwärts, inmitten terrassierter Reb- und Gemüsefelder. Hier liegt auf einem Kamm das Dorf *Boaventura.* In der gemütlich-rustikalen Atmosphäre des *Solar da Boaventura (30 Zi., Sítio do Serrão, Tel. 291 86 08 80, Fax 291 86 38 77, www.solar-boaventura.com, €€)*, einem Herrenhaus aus dem 18. Jh. mit modernem Anbau und exzellenter Küche, kann man stilvoll übernachten. Direkt unterhalb der Anlage startet ein Rundwanderweg.

Rosário   [111 D5]
4 km südlich von São Vicente reckt sich einsam auf einem Hügel ein Glockenturm. In den 50er-Jahren ließen die Gemeindemitglieder die-

DER NORDEN

se nur aus den Turmmauern bestehende Kapelle zu Ehren der Jungfrau von Fatima erbauen.

Seixal [110 A3]

Seixal liegt 7,5 km westlich von São Vicente. Bereits aus weiter Ferne sieht man die Häuser des rund 800 Einwohner zählenden Ortes auf einer Felsnase leuchten. Fast jedes hat einen Garten mit Reben, die im September von den großen Weinkompanien für die Herstellung von Madeira aufgekauft werden. Früher, so heißt es, legten am Hafen sogar Dampfschiffe an, um die Weinfässer zu laden, deren Inhalt die Winzer damals in großen Mengen noch selbst kelterten. Erstmals urkundlich erwähnt wurde Seixal schon 1553. Die damals 50 Bewohner hatten eine Kapelle errichtet, die São Antão geweiht war, dem Schutzheiligen des Viehs. Nachdem die Bevölkerung stetig gewachsen war, musste das Gotteshaus im 18. Jh. erweitert werden. Wie es zu jener Zeit Brauch war, finanzierten die Fischer des Ortes den Bau durch die Abgabe der Hälfte ihres Fangs. Fährt man heute von der Kirche gen Westen, weist ein Schild zur *piscina*, dem Meeresschwimmbad. Frisch aus dem Meer auf den Tisch kommen die Fische direkt am Hafen im *Restaurante Brisa Mar (12 Zi., Cais de Seixal, Tel. 291 85 44 76, €–€€)*. Übernachten können Sie dort auch. Oder in der *Casa das Videiras (4 Zi., Sítio de Serra d'Água, Tel. 291 85 40 20, Fax 291 85 40 21, www.casa-das-videiras. com, €)*, einer Landhauseinheit an den Hängen der Serra de Agua, mit Salon und schattiger Terrasse in schöner Gartenumgebung.

Am östlichen Ende von Seixal steigt ein Sträßchen durch die Weinberge hinauf nach *Chão da Ribeira*, wo man im Ausflugslokal *Casa de Pasto (Tel. 291 85 45 59, €–€€)* frische Forellen und köstliche Rindfleischspieße auf Lorbeerstecken kosten kann.

Insider Tipp

In exponierter Lage: der kleine Weinort Seixal

63

DER OSTEN

Kontraste satt und viel Geschichte

Im östlichen Teil der Insel landeten die Entdecker, und hier wachsen die meisten Zukunftsprojekte

Abwechslungsreich wie keine zweite Region, zeigt sich Madeiras Osten. Kühle, grüne Höhen kontrastieren mit karger, wüstenfarbener Erde, zeitgenössische Großarchitektur paart sich mit traditionsreichen Stätten uralten Handwerks. Der östliche Teil der Insel, zwischen Gaula und Pico do Castanho, ist zugleich ihr geschichtsträchtigster. Entdecker, Piraten und geflohene Liebende gingen an seiner Küste vor Anker, Walfänger übten ihr blutiges Handwerk aus, reiche Handelsherren ließen sich prächtige Sommersitze errichten.

Inzwischen prägen der modern ausgebaute internationale Flughafen Santa Catarina und mit Machico die drittgrößte Stadt der Insel das Landschaftsbild. Bald wird sich der Porto Novo, der neue Frachthafen, als weiteres Element des raschen Fortschritts dazugesellen.

CAMACHA

[119 E4] Fast 700 m über dem Meeresniveau erhebt sich der flache Bergrücken, auf dem der 6500-

Fischerboote am Kiesstrand von Santa Cruz

Seelen-Ort thront, umgeben von Terrassenfeldern mit Apfelbäumen (deren Früchte u. a. zu spritzigem *cidra,* Apfelwein, verarbeitet werden) und feuchten Tälern. Camacha ist außerdem für seine Folkloregruppen bekannt.

Auf ihrem Grund wachsen die kleinen Korbweiden, aus deren Ruten die Bewohner Camachas ★ Möbel und anderen Gegenstände flechten. Gut ein Drittel der Bevölkerung lebt von diesem Handwerk; meist ist die ganze Familie beteiligt. Im Frühjahr schneiden die Männer die hohen Ruten, danach werden sie gekocht oder wochenlang eingeweicht. Durch das – mit einer intensiven Geruchsentwicklung verbundene – Erhitzen erhalten die Weiden ihre rotbraune Farbe; sonst bleiben sie weiß. Das Flechten erfolgt in Heimarbeit; wer ein wenig herumfragt, erhält sicher die Adresse eines dieser privaten Ateliers der *vimeiros (vimes* heißt Ginster, Binsen) und kann dort auch kaufen. Sonst bleibt *O Relógio* am hübsch begrünten, weitläufigen Hauptplatz des Ortes, wo übrigens 1875 das erste Fußballspiel auf portugiesischem Boden ausgetragen wurde. Ein in Camacha ansässiger Brite hatte einen Ball aus seiner Heimat

Inside Tipp

65

CAMACHA

Die Verarbeitung von Weidenruten hat in Camacha eine lange Tradition

mitgebracht und zwei Mannschaften aufgestellt.

Die »Industrialisierung« des Flechtens in Camacha geht auf einige wohlhabende Engländer zurück, bei denen der Bergort Ende des 19. Jhs. als Sommerfrische beliebt war. Sie gaben bei den Bewohnern, die zuvor hauptsächlich Transportkörbe hergestellt hatten, Möbel aus Weidengeflecht in Auftrag – gemäß der damals herrschenden Einrichtungsmode in England. Bald wurden die filigranen Gebilde zu einem wichtigen Exportartikel Madeiras. Heute macht die Billigkonkurrenz aus Asien den Korbflechtern auf der Atlantikinsel zu schaffen.

ESSEN & TRINKEN

Restaurante Televisão
Hausmannskost und freundlicher Service etwas abseits vom Ortszentrum. Das Ambiente ist rustikal, die Besitzerin bemüht sich aber um eine schöne Tischgestaltung. *Casais Além, Tel. 291 92 21 65,* €

EINKAUFEN

O Relógio
Hinter der von einem auffälligen Uhrturm gekrönten Fassade eines ehemaligen britischen Sommersitzes erstreckt sich Madeiras größter Korbwarenmarkt. Alle Reisebusse und Taxitourchauffeure machen hier Halt. Im Keller des mehrgeschossigen Gebäudes, das vom Flaschenkorb bis zur Wäschetruhe alles in den Verkaufsregalen stehen hat, wurde eine Schauwerkstatt eingerichtet; dort können Sie einigen Flechtern und Möbelbauern bei der Arbeit zuschauen. Auch ein kleiner historischer Zoo ist zu bewundern – mit Tieren aus Ginstergeflecht, das sehr viel feiner ist als jenes aus Weide. Inzwischen wird der arbeitsintensivere Ginster aber kaum noch verwendet von den *ces-*

DER OSTEN

teros, den Korbflechtern. *Tgl. 9–18 Uhr, Largo de Achada*

ÜBERNACHTEN

Insider Tipp

Quinta da Portada Branca
Stilvoll restauriertes, inseltypisch ausgestattetes Landhaus aus dem 19. Jh. *6 Zi., Casais d'Alem, Tel. und Fax 291 92 21 19, € – €€*

ZIELE IN DER UMGEBUNG

Paso de Poiso   [119 D3]
Aus allen vier Himmelsrichtungen treffen auf dieser Passhöhe (1400 m, 10 km nordwestlich von Camacha) Straßen zusammen. Von hier geht es hinauf zum Pico do Arieiro, hinüber nach Santo da Serra, hinunter nach Funchal und nach Faial. Aus dem ehemaligen Hirtenunterstand an der Kreuzung ist ein beliebtes rustikales Restaurant geworden, wo vor einem flackerndem Kaminfeuer würzige *açorda* und schmackhafte Rindfleischspieße aufgetischt werden: *Casa de Abrigo de Poiso (tgl. 7–24 Uhr, Tel. 291 78 22 69, € – €€).*

Ribeiro Frio   [119 D1]
Am »kalten Bach« einige Kehren nördlich des Poiso-Passes, 14 km nordwestlich von Camacha, hat die staatliche Forstbehörde eine Forellenzucht eingerichtet und um die Fischbecken herum einen kleinen Botanischen Garten mit exotischen Gewächsen und zahlreichen endemischen Inselpflanzen. Nicht weit entfernt serviert das *Ristorante Ribeiro Frio,* auch bekannt als *Victor's Bar (Tel. 291 57 58 98, € – €€)* frische und hausgeräucherte Forellen. Dazu gibt's Biere aus Bayern oder dem Rheinland – denn die Gasthofbesitzer stammen aus Deutschland.

Hinter dem Lokal liegt der Einstieg zur *Levada do Furado,* an deren Saum trittsichere Wanderer in gut 3,5 Std., immer wieder belohnt von wunderbaren Ausblicken auf die Nordküste, zum Portela-Pass gelangen. Falls Sie nur einen kurzen, einfachen Spaziergang machen möchten, folgen Sie dem an der Straße vor dem Restaurant, etwa 100 m nördlich angebrachten gelben Hinweisschild »Balcões«. Nach gut 30 Min. haben Sie, vorbei

Insider Tipp

MARCO POLO Highlights
»Der Osten«

★ **Santo da Serra**
Kühle Sommerfrische in den Hügeln mit herrlichem Ausblick (Seite 72)

★ **Wiege der Körbe**
Seit mehr als zwei Jahrhunderten werden in Camacha Weidenruten verflochten (Seite 65)

★ **Museu da Baleia**
Das Walfangmuseum in Caniçal erzählt vom mühsamen und blutigen Handwerk der Fischer (Seite 70)

★ **Ponta de São Lourenço**
Der westlichste Zipfel – für Wanderer eine kleine Herausforderung (Seite 71)

Machico

an der *Bar Balcões* die gleichnamige ↘︎ Aussichtskanzel erreicht. Madeiras zentrale Gipfelwelt lässt sich von ihr als grandiose Kulisse am Horizont bewundern.

Machico

[120 B–C3] Im breiten, fruchtbaren Tal des Machico-Flusses zieht sich Madeiras drittgrößte, von Câmara de Lobos in der Einwohnerzahl erst jüngst überflügelte Stadt (12 000 Ew.) von der Küste die Berghänge hinauf. Der Entdecker Zarco gründete sie als erste Siedlung der Insel, nachdem er mit seinen Gefolgsleuten Tristão Vaz Teixeira und Bartolomeu Perestrelo 1419, von Porto Santo kommend, hier in der breiten Bucht vor Anker gegangen war.

Eine Legende schreibt die Geburt des Ortes jedoch nicht erst dem Seefahrer aus Monchique zu, sondern dem schon zuvor hier gestrandeten englischen Liebespaar Anne Dorset und Robert Machyn. Wie dem auch sei: fast ein halbes Jh. war Machico gleichberechtigt mit Funchal Inselmetropole. Heute ist die schon im 15. Jh. durch Zuckerrohranbau prosperierende Siedlung ein modernes, vom Fluss in zwei Hälften gespaltenes Städtchen, das sich müht, Anschluss zu finden an die touristische Entwicklung der Insel.

SEHENSWERTES

Banda d'Alem
Am östlichen Ufer des Ribeira da Machico beginnt das historische Fischerviertel. Um den von hohen indischen Lorbeerbäumen beschatteten Hauptplatz Largo dos Milagres mit dem unscheinbaren gleichnamigen Kirchlein entstanden Cafés und Geschäfte, doch Fischerei gehört noch immer zum Alltag: Von den *quais* dahinter läuft die Fangflotte

Männer beim beliebten Dominospiel in Machico

DER OSTEN

Insider Tipp

aus. In der kleinen Bootswerft davor, können Sie beim Bau traditioneller Kutter nach jahrhundertealter Manier zuschauen kann.

Capela dos Milagres

Zarco, so heißt es, gab um 1425 den Auftrag zum Bau der »Kapelle der Wunder« – als erster Kirche Madeiras überhaupt. Die heutige Capela dos Milagres stammt allerdings von 1810. Die Vorgängerbauten fielen – bis auf Giebelwappen und Spitzbogenportal – einer Brand- und einer Flutkatastrophe zum Opfer. Seeleute fanden aber wunderbarerweise die vom Hochwasser ins Meer geschwemmte Christusstatue wieder. Ein Gemälde links vom Altar schildert diese Begebenheit.

Festungen

Mit drei Forts versuchten die Bewohner Machicos im 18. Jh. ihre leicht zugängliche Bucht vor Piratenüberfällen zu schützen. Zwei sind erhalten: das nunmehr privat genutzte *Forte São João de Baptista* im Osten und das dreieckigen *Forte Nossa Senhora do Amparo*. Schräg gegenüber liegen, am Ende des betonierten Strandabschnitts, die Hallen des 1932 erbauten Fischmarkts *(lota)*. Jeden Morgen wird hier der Fang der Fischer verkauft.

Nossa Senhora da Conceição

Die Stadtkirche wurde bereits im 15. Jh. errichtet. Das Seitenportal mit drei Marmorsäulen stiftete König Manuel I. Auch das Hauptportal trägt noch Verzierungen aus manuelinischer Zeit: fratzenhafte Gesichter, die das Böse und das Gute symbolisieren. Im Innern wurde das Gotteshaus während der Barockzeit kräftig umgestaltet, original erhalten sind nur die beiden Seitenkapellen. Eine von ihnen trägt das Wappen der Familie Teixeira. Auf dem Platz vor der Kirche steht die Statue von Tristão Vaz Teixeira, der von Machico aus den Ostteil Madeiras regierte. Schräg gegenüber erhebt sich das Anfang des 20. Jhs. erbaute Rathaus. Es zeigt beide Stadtwappen: das historische, 1499 angeblich von König Manuel I. verliehene in Gestalt einer Armillarsphäre, eines alten astronomischen Geräts, und das Mitte des 20. Jhs. gewählte mit der Bewässerungsszene zweier Zuckerrohrpflanzen.

ESSEN & TRINKEN

Casa do Cidra

Insider Tipp

🏃 Im begrünten Innenhof mundet Apfelwein aus Santo da Serra zu ordentlicher Kost (Snacks). *Rua General António Teixeira Aguiar 95, Tel. 291 96 67 72, €*

Gonçalves

Laubenatmosphäre und von der Decke baumelnde Schinken eskortieren Fisch und andere Spezialitäten der Insel. *Rua do Ribeirinho, Tel. 291 96 66 06, €€*

Mercado Velho

Auch Einheimische sitzen gern auf der schönen, von Jakaranda-Bäumen beschatteten Terrasse und essen regionale Gerichte. *Rua da Amargura, Tel. 291 96 59 26, €€*

ÜBERNACHTEN

Hotel Dom Pedro Baia

Moderner Bettenturm an der Westflanke der Bucht mit Tauchbasis, Tennisplatz, tropischem Garten und großer Poolanlage. *Estrada de S. Ro-*

MACHICO

que, Tel. 291 96 95 00 Fax 291 96 95 01 und 96 68 89, www.dompedro.com, €€

Residencial Amparo
Moderne Pension unweit des Amparo-Forts und des Kieselstrands. *12 Zi., Rua de Amargura, Tel. 291 96 81 20, Fax 291 96 60 50, €*

AUSKUNFT

Touristeninfo
Mo–Fr 9–12.30 und 14–17 Uhr, Sa 9–12 Uhr, Forte Nossa Senhora do Amparo, Tel. 291 96 22 89

ZIELE IN DER UMGEBUNG

Caniçal [120–121 C–D2]
Fischerei und Bootsbau prägen noch immer Madeiras östlichste Gemeinde (3500 Ew.), 7 km nordöstlich von Machico. Am grobsteinigen Strand zimmern geschickte Hände Trawler und Kutter, ein paar Schritte weiter liegt die neue Reparaturwerft. An die Vergangenheit Caniçals als große Walfangstation erinnert das 1990 eröffnete ★ *Museu da Baleia (Di–So 10–12 und 13–18 Uhr, Eintritt 1,25 Euro, Largo Manuel Alves)*. Anhand von Farbfotos und Schrifttafeln erzählt es die Geschichte der erst in den 80er-Jahren eingestellten Jagd auf die Meeressäuger: vom Fang mit der Handharpune bis zur Verarbeitung des Kadavers zu Tran und Fischmehl. Eindrucksvollstes Ausstellungsstück ist das Halbmodell eines jungen Pottwals. Es ist mit gut 13 m genauso groß wie die einstigen Boote der Walfänger.

1986 wurde bei Caniçal ein 200 000 km^2 umfassender *Unterwassernationalpark* eingerichtet. Er sorgt nun dafür, dass nicht nur verschiedene Walarten, sondern auch Delphine (die die Walfänger gern als Fleischlieferanten mitnahmen) und die bedrohte Mönchsrobbe wieder in Ruhe leben können.

Eine kleine Aloe-Vera-Farm produziert in Caniçal Kosmetik und Saft. Die Produkte werden u. a.

Zum Walfang fahren die Fischerboote von Caniçal heute nicht mehr aus

DER OSTEN

Entdeckungslegende

Die Anfänge der Inselbesiedelung als tragische Liebesgeschichte

Man schrieb das Jahr 1346. Der Schotte Robert Machyn war in Liebe entbrannt für die englische Lady Anne Dorset. Doch die sollte einen anderen heiraten. Da die Dame Machyns Gefühle erwiderte, ließ sie sich vor der Hochzeit entführen. Das Schiff der beiden kam in ein Unwetter, und sie fanden sich vor Porto Santo wieder. Dahinter erspähte die Mannschaft »weiteres Land über See«. Sie segelten hinüber. Anne fiel jedoch bald in tiefe Melancholie und starb wenig später. Voll Kummer tat Robert das Gleiche. Die Reisegefährten begruben beide nebeneinander, stellten ein Kreuz auf über dem Grab und stachen wieder in See. Sie gerieten nach Nordafrika. Dort nahm man sie als Sklaven gefangen. Einem Portugiesen, der ebenfalls als Sklave gehalten wurde, erzählten sie von ihrer Irrfahrt. Nach seiner Freilassung trug er die Geschichte nach Portugal. So erfuhr Zarco von der Insel Madeira.

über die Filialen der Supermarktkette Pingo Doce verkauft.

Pico do Facho [120 C3]

Vor dem Tunnel nach Caniçal führt rechts eine schmale Straße hinauf zum Pico do Facho, von dessen mehr als 300 m hohen Kuppe man bei gutem Wetter bis Porto Santo sieht. Der »Fackelberg«, 4,5 km westlich von Machico, hat seinen Namen von den Holzfeuern, die Späher dort zur Warnung vor Piraten entzündeten. Für den kleinen Hunger bietet sich *Cachalote* (*Vila do Caniçal, Tel. 291 96 13 23, €*) an. Meeresfrüchte und *castanhetas* sind Spezialitäten der Snackbar oberhalb des Hafens. Exquisit übernachten können Sie in der *Quinta do Lorde (9 Zi., Sítio da Piedade, Tel. 291 96 02 00, Fax 291 96 02 02, €€)*. Das Hotelchen liegt einsam an der Küste, verfügt über zwei Meerwasserpools und Sauna.

Insider Tipp

Ponta de São Lourenço [121 D–F2]

⭐ Karg und windig gibt sich die Ostspitze der Insel 11 km von Machico entfernt. Unglaublich, dass sie einst üppig bewaldet war. Man begann schon frühzeitig mit der Abholzung und ließ dann später Ziegen hier weiden, die alles junge Baumgrün sofort fraßen. So prägen heute kahle Kuppen, die nur im Frühjahr ein Blütenteppich überzieht, das Landschaftsbild; und bizarre, wie von Kinderhand hingewürfelte Felsen steigen ockerfarben, rostrot, grau und grünschwarz aus dem türkisblauen Meer auf. Die geteerte Zufahrtstraße zur Ponta de São Lourenço (angeblich vom Entdecker Zarco so benannt nach dem Namen seines Schiffes) endet auf einem Parkplatz an der *Baía de Abra*. Von dort geht es nur zu Fuß weiter bis zur östlichen Inselspitze (ca. 3 Std. hin und zurück; Trittsicherheit

Machico

Steilküste an der Ponta de São Lourenço

unbedingt erforderlich). Man kann aber auch schon auf halbem Weg, oberhalb des lavagrauen Sandsträndchens Prainha, abzweigen auf eine Piste, die zur *Ponta do Rosto* führt. Unten von der ❋ *Baía de Abra,* in der die Käfige einer Fischzuchtanlage zu erkennen sind, bietet sich ein schöner Blick auf die Ilhas Desertas. Getrennt durch nur wenige Meter, liegen vor Ponta de São Lourenço zwei Inselchen, die *Ilhéu de Agustinho* und die *Ilhéu de Fora.* Letztere heißt im Volksmund auch *Ilhéu do Farol,* denn auf ihrem Gipfel steht der älteste Leuchtturm Madeiras. Bereits seit 1870 schickt er seine Lichtsignale aus.

Portela [119 F1]

Der »Ort«, 9 km nordwestlich von Machico, markiert die Wasserscheide der Insel. Er besteht allerdings lediglich aus einem Taxistand, einer Bushaltestelle und einem ❋ Aussichtspunkt mit rustikalem Restaurant, dem *Miradouro do Portela (€–€€).* Von hier bietet sich ein grandioser Blick auf den Adlerfelsen an der Nordküste.

Santo da Serra [120 A3]

★ Schon lange bevor Robert Trent Jones den ersten Golfplatz Madeiras für Santo da Serra (eigentlich Santo António da Serra) entwarf, lockte es viele Auswärtige in die anmutige, meist von einer frischen Brise durchwehte Hügellandschaft, 8,5 km westlich von Machico, in die der Ort (600 Ew.) eingebettet liegt. Zuckerbarone und andere begüterte Herrschaften Madeiras erbauten hier ihre Sommersitze. Darunter auch die aus England eingewanderte Weinhändlerfamilie Blandy. Ihr Anwesen *Quinta do Santo da Serra* kurz vor der Kirche ist inzwischen öffentlich; den riesigen Garten nutzen die Madeirenser gern zu einem Picknick. Es gibt dort auch einen kleinen Zoo mit

DER OSTEN

Ponys, Rehen und Hirschen. Im hinteren Teil des Gartens bietet der *Mirodouro dos Ingleses* ein prächtiges Panorama des Inselostens. Die Blandys ließen einst von diesem Ausguck aus den Schiffsverkehr nach Madeira beobachten. Kaum kam eine Handelsbarke in Sicht, machte sich der Hausherr auf den Weg nach Funchal – in Erwartung guter Geschäfte.

Santo da Serra ist wie Camacha eine Apfelgegend. In einigen Bars gibt es daher mitunter *cidra*, Most, im Ausschank.

Snacks und Fleischspieße serviert das rustikale *Restaurant A Nossa Aldeia (Sítio dos Casais Proximos, Tel. 291 55 21 42, €)*. Zum Übernachten empfiehlt sich der komfortable *Estalagem do Santo (36 Zi., Casais Proximos, Tel. 291 55 25 95, Fax 291 55 25 96, €€)*, ein restauriertes Landhaus mit Indoorpool und türkischem Bad.

SANTA CRUZ

[120 A–B4] Obwohl es zu den ältesten Siedlungen Madeiras zählt, wird das 10 000 Einwohner zählende Küstenstädtchen kaum von Touristen besucht. Schade, denn es bietet ein schönes Ortsbild mit Grünanlagen und schmalen Gassen, in deren Mitte die als größtes Gotteshaus außerhalb von Funchal 1533 erbaute Kirche *São Salvador* steht. Wie das Rathaus am Ortseingang zeigt sie Steinmetzarbeiten aus manuelinischer Zeit. Im Chor liegt das Grab von João de Freitas, einem Lehnsherrn, der das Gotteshaus für die durch Zuckerexport reich gewordene Gemeinde in Auftrag gab. Ein Künstler des 20. Jhs.,

der Portugiese Outeiro Agueda, schuf an der gelb getünchten modernen *Markthalle (Mo–Fr 7–16 Uhr, Sa 7–12 Uhr)*, die bekannt ist für ihr gutes Angebot an frischem Fisch, einen Kachelfries, der verschiedene landwirtschaftliche Tätigkeiten und Fischer bzw. Fischhändler bei der Arbeit zeigt.

Nur wenige Schritte hinter der Markthalle beginnt der lange, graue Kieselstrand, an dessen Saum eine Riege von Dattelpalmen ihre Blätterkronen wiegt und eine lange Promenade zum Flanieren einlädt.

ESSEN & TRINKEN

Albatroz
Im gediegenen Ambiente eines ehemaligen Herrenhauses wird ambitioniert aufgetischt. *Sítio da Terça, Tel. 291 52 41 42, €–€€*

ÜBERNACHTEN

Hotel Santa Catarina
Modernes Mittelklassehotel am Ortsrand, unterhalb der neuen Schnellstraße. Hauseigene Garage und Spieleraum. *40 Zi., Rua Bom Jesus 7, Tel. 29 15 20 00 00, Fax 29 15 20 00 01, €€*

FREIZEIT & SPORT

Am Ostzipfel des Strandes liegt unterhalb einer schwarzen Felsmauer die Badeanlage *Praia das Palmeiras. Im Sommer tgl. 9–19 Uhr, im Winter tgl. 10–18 Uhr*

AUSKUNFT

Câmara Municipal de Santa Cruz
Rathaus, Largo do Município, Tel. 291 52 01 00, Fax 291 52 40 62

Porto Santo

Schönheit aus Sand und Fels

Madeiras Nachbarinsel bietet kilometerlangen Strand, kristallklares Meer, interessante Gesteinsformationen – und im Sommer viel Action

Dourada, die Vergoldete, nennen die Porto Santenser ihre Insel. Fast 9 km heller, feiner Sand an der Südküste sind der Grund für diesen Namen – und die karamellfarbene Erde, die sich nur im Frühjahr mit einem grünen Hauch überzieht. Sonst dominiert auf Madeiras trockener kleiner Schwester – die sich rühmen kann, als erstes Eiland des Archipels entdeckt worden zu sein – felsige Nacktheit. Nur wenige Bäume klammern sich an die Hand voll Kegelberge; erste Resultate eines ambitionierten Wiederaufforstungsprogramms.

Unvorstellbar, dass sich auf dem rund 11 km langen und 6 km breiten Eiland einst Drachenbaumwälder dehnten und später Kornfelder wogten. Bereits wenige Jahre, nachdem ein Sturm die portugiesischen Ritter João Gonçalves Zarco und Tristão Vaz Teixeira an die Küste des zuvor unbekannten Porto Santo verschlagen hatte, diente das Inselchen Entdeckungsfahrern als Proviantstation. Christoph Kolumbus war einer der ersten von ihnen,

Im Sommer kommen viele Madeirenser an den 9 km langen Strand von Porto Santo

Am Strand von Porto Santo

er landete schon 1478, allerdings noch als Zuckerhändler, auf Madeira. Wenig später, so die Legende, heiratete er Felipa Moniz, die Tochter von Bartolomeu Perestrelo, dem ersten Legatskapitän (eine Art Gouverneur) von Porto Santo.

Im 16. Jh. schließlich entdeckten spanische und italienische Kaufleute, welchen Reichtum ihnen die Drachenbaumwälder Porto Santos zu bescheren vermochten: Das Harz des palmenartigen Liliengewächses war damals in Europa begehrt als Farbsubstanz für Stoffe und Lacke. Kräftig ließen die Händler daraufhin die Stämme ausbluten. Derartiger Raubbau, aber auch Brandrodung und Überweidung zerstörten im Lauf der Zeit die Inselvegetation. Der fruchtbare Boden trocknete aus, Regen und Wind

Vila Baleira

In der Saison ist auch abends einiges los im freundlichen Vila Baleira

spülten die Ackerkrume in den Atlantik. Der Bau des Nato-Flughafens verschlang weiteres Anbauland. Nun liegen die noch bis ins 20. Jh. mit Obst und Gemüse bebauten Terrassenfelder weitgehend brach, die Dörfer sind verfallen.

Fast alle der rund 5000 Inselbewohner leben inzwischen an der südlichen Küste. Der Tourismus ist zum Wirtschaftsfaktor Nummer eins avanciert. Allerdings kommen hauptsächlich Festlandportugiesen und Madeirenser. In der Hochsaison zwischen Juli und September explodieren die Preise; ein Hotelzimmer kostet dann leicht doppelt so viel wie im April oder Oktober. Dafür gibt es auch jede Menge Action – vom Strandvolleyballturnier bis zu Music-and-Dance-Events.

Außerhalb der portugiesischen Urlaubsmonate hingegen liegt die Insel, auf der fast das ganze Jahr über ein moderates Klima herrscht und herrliche Gesteinsformationen zu bewundern sind, wie in einem Dornröschenschlaf. Mit Hilfe der jüngst eröffneten Thalassotherapieklinik und des geplanten Golfplatzes hoffen die Inselpolitiker, sie etwas länger wach zu halten. Auch die Einrichtung eines Spielcasinos und die Vermarktung des als heilkräftig (u. a. bei Rheuma) geltenden Sandes wollen die Fremdenverkehrsstrategen angehen.

Vila Baleira

[123 D3–4] Kaum größer als ein Dorf ist die Hauptstadt (2600 Ew.) der Insel und ebenso anmutig wie ein solches – zumindest im historischen Kern mit seinen weißen Häusern, in deren Schatten sonnengebräunte alte Männer beim Dominospiel sitzen oder sich ein buntes Völkchen auf einen Kaffee trifft.

Rund die Hälfte der Inselbewohner lebt in der dem Hafen benach-

PORTO SANTO

barten Minimetropole, in der es nur eine Apotheke und eine Bäckerei, aber drei Banken und zwei Supermärkte gibt. Im Sommer drängt sich ein Vielfaches an Menschen in dem beschaulichen Ort, vor allem auf dem Largo do Pelourinho und in der Fußgängerzone Rua Zarco mit ihren Cafés und Bars sowie an den traditionellen Ständen, an denen Trauben, Melonen und Kartoffeln aus Porto Santo angeboten werden. Inzwischen lädt auch eine von Palmen bestandene Promenade am Meer zum Flanieren ein, und an ihrer landwärtigen Seite erhebt sich kühn die neue Markthalle, der sich bald ein Kunsthandwerkszentrum zugesellen soll.

SEHENSWERTES

Câmara Municipal
Das von zwei Drachenbäumen gesäumte Rathaus ist ein schönes Beispiel für die portugiesische Architektur der Renaissance. Erbaut im 16. Jh., wurde es allerdings später mehrfach verändert. Der Eingang, über dem Landeswappen und Königskrone prangen, liegt im ersten Stock, zwei Treppenaufgänge führen hinauf. Von ihrem Absatz lässt sich schön die Pflasterung mit schwarz-weißen Bändern und einer Windrose des von Palmen beschatteten Largo do Pelourinho betrachten. *Largo do Pelourinho*

Nossa Senhora da Piedade
Meeresblau leuchtet das Azulejo-Medaillon an der weißen Fassade der Pfarrkirche. 1430 begründet, war das Gotteshaus immer wieder Attacken von Piraten ausgesetzt. Sie plünderten und vergingen sich auch an dem Gebäude selbst. Daher blieb vom Ursprungsbau nur die Mudejaren-Kapelle an der Südseite erhalten. Ihre heutige Barockgestalt verdankt die Kirche Baumeistern des 17. Jhs. Sie birgt u. a. ein Altarbild von Max Römer. Der deutsche Maler besuchte in den 40er-Jahren Porto Santo mehrmals von Madeira aus. *Rua Cristóvão Colombo*

MUSEUM

Casa Museu Cristóvão Colombo
★ Das 1989 eröffnete Kolumbus-Museum versammelt Exponate zur Schifffahrt und zur Geschichte Porto Santos, vor allem aber Stücke, die sich um das Leben und Wirken des großen Entdeckers ranken: Seekarten, Schiffsmodelle, Porträtstiche. Die Sammlung verteilt sich auf zwei Gebäude. Das rückwärtige gilt

---

MARCO POLO **Highlights** »Porto Santo«

- **Campo de Baixo**
  Vom Hauptort bis zur Ponta Calheta zieht sich der 9 km lange, feinsandige Strand (Seite 78)

- **Casa Museu Cristóvão Colombo**
  Erinnerungen an den Seefahrer, der hier einige Zeit lebte (Seite 77)

Vila Baleira

als Wohnhaus von Kolumbus. Im vorderen sind auch einige von Max Römers Aquarellen mit Motiven aus Porto Santo ausgestellt. *Di–Fr 10–18 Uhr, Sa, So und feiertags 10–13 Uhr, Eintritt frei, Rua Cristóvão Colombo 12*

ESSEN & TRINKEN

Forno
»Feuer«-Spezialitäten wie Stock-, Degenfisch und Hühnchen vom Holzkohlengrill. *Rampa da Fontinha, Tel. 291 98 51 41, €–€€*

Mercearia
Snackbar und Internetcafé mit schöner Hofterrasse. Frische Salate, Cocktails. *Rua João Santana 2–6, Tel. 291 98 25 80, €*

Tia Maria
Beliebtes Fischrestaurant mit großer Terrasse direkt am Strand. Zu Fuß braucht man vom Stadtzentrum gut eine halbe Stunde. *Ribeira Salgado, Tel. 291 98 24 00, €€*

EINKAUFEN

Porto Santo ist bekannt für seine Tonfiguren. Leider werden sie immer seltener hergestellt. Einen der letzten Töpfer kann man über das Kolumbus-Museum erreichen. In Serra de Fora werden in Heimarbeit Palmhüte und Körbe geflochten.

ÜBERNACHTEN

Parque de Campismo
Einfacher, aber recht großzügiger Campingplatz beim Hotel Torre Praia. Eigener Strandzugang. *Ganzjährig geöffnet, Tel. 291 98 21 60, Fax 291 98 25 84*

Residencial Theresia
Ruhig gelegene, sehr persönlich geführte Frühstückspension mit gepflegtem Garten und direktem Strandzugang. Die Besitzerin stammt aus München. *6 Zi., Campo de Baixo, Tel. 291 98 36 83, €–€€*

Residencial Zarco
Familiäre, ruhige Innenhofpension in der Fußgängerzone. *12 Zi., Rua Zarco 78, Tel. 291 98 22 73, €*

Torre Praia
Komfortables, modernes Strandhotel in Zentrumsnähe, mit kleinem Pool, großer Sonnenterrasse und Turmbar. *62 Zi., Rua Goulart Medeiros, Tel. 291 98 52 92, Fax 291 98 24 87, reservas@torrepraia.pt, €€–€€€*

Vila Baleira
Das bislang größte und neueste Hotel der Insel, mit angegliedertem Apartmentblock und Thalassotherapieklinik, Beachclub, Innenpool. *256 Zi., 56 Apts., Sítio do Cabeço da Ponta, Tel. 291 98 08 00, Fax 291 98 08 01, www.ferpinta.pt €€€*

FREIZEIT & SPORT

Campo de Baixo
★ Bereits am Hafenbecken beginnt der goldgelbe Sandstrand, der sich bis zur Ponta da Calheta zieht. Westlich von Vila Baleira wird er breiter, ab hier ist er auch bewacht, es gibt Toiletten, Duschen (kostenpflichtig) und Snackbars.

Kartbahn
Von Mitte Juni bis Anfang Oktober sowie im März und April öff-

PORTO SANTO

Am Strand von Vila Baleira können Sie aktiv werden

net Paulo für Rennfahrer ab sieben Jahren seine Kartbahn *(tgl. 11–2 Uhr, Porto do Abrigo).*

Radfahren
Leihräder: An der Bude von *Maria Selina* auf dem unbefestigten Parkplatz am Ortseingang von Vila Baleira und bei *Colombo (Av. Viera do Castro 38, Tel. 291 98 44 38).*

Reiten
Reitkurse und Ausritte bietet das *Centro Hipico (Sítio da Ponta, Tel. 291 98 32 58).*

Wandern
Das örtliche Touristikbüro hat ein auch in deutscher Sprache erhältliches Faltblatt mit drei Spaziergängen und Wanderungen (max. 2 Std.) auf markierten Wegen aufgelegt.

Wassersport
Tauchausrüstung verleiht der *Clube Naval (Porto de Abrigo, Vila Baleira, Tel. 291 98 20 85),* Kurse über *Mares d'Aventura (Hotel Vila Baleira, Mobiltel. 967 22 18 43),* die zudem Jetski, Kajaks, Tretboote verleihen. Segeltörns in kleinen Gruppen bieten *Farwest (Tel. 29 14 84 39 85* oder *Dunas (Tel. 291 98 30 88).*

AM ABEND

A Tasca
Insider Tipp
🏃 Angesagte Bar für den Auftakt zu einer langen Nacht. Urige Kneipenatmosphäre. *Im Sommer tgl. ab 18 Uhr, Rua Manuel Pestana*

Big Boy
🏃 Heiße Adresse zum Abtanzen bis der Tag graut mitten in Vila Baleira. Aktuelle Musik, nichts für Nostalgiker. *Nur im Sommer, tgl. ab 22 Uhr, Rua João Santana*

Challenger
🏃 Fetzige Rhythmen bis in den frühen Morgen, meist Rock und

79

VILA BALEIRA

Windmühlen

Die ersten moinhos drehten ihre Flügel schon vor Jahrhunderten auf der Insel

Eine kräftige Brise weht an vielen Tagen im Jahr über Porto Santo. Diesen Umstand machten sich seine Bewohner bereits vor Jahrhunderten zu Nutze und erbauten Windmühlen, um das damals noch reichlich vorhandene Korn zu mahlen. Wann genau die erste Mühle errichtet wurde, ist strittig. Anfang des 20. Jhs. wird von 30 *moinhos* auf der Insel berichtet. Inzwischen sind jedoch die meisten verfallen. Drei hat man allerdings restauriert und auf dem Hochplateau von ✺ Portela [123 D3] aufgestellt.

Pop, aber auch Hip-Hop und andere Dance-Music. *Nur im Sommer, tgl. ab 22 Uhr, Rua Estévão Alencastre*

AUSKUNFT

Direcçao Regional de Turismo
Mo–Fr 9–17.30 Uhr, Sa 10–12.30 Uhr, Av. Henrique Vieira de Castro, Tel. 291 98 23 61–62

Direcçao Regional de Aeroporto
Flughafenauskunft. *Tel. 291 98 23 79*

Porto Santo Line
Fährverbindungen nach Madeira. *Tel. 291 98 08 90, www.portosantoline.pt*

ZIELE IN DER UMGEBUNG

Camacha   [123 D2]
Um diesen Ort (450 Ew.), 4 km nördlich von Vila Baleira, liegen die meisten Rebfelder der Insel. Hauptsächlich reifen hier Tafeltrauben, doch man presst auch verschiedene Weine. Sie haben einen hohen Alkoholgehalt. Wer mag, kann die schweren Porto Santenser Tropfen direkt im Ort probieren, z. B. unter dem Strohdach des Restaurants *Estrala do Norte (Sítio da Camacha, Tel. 291 98 34 00, €€)*. In der Nähe von Camacha können Sie sich auch einmieten in der charmanten, ruhigen, neuen *Quinta do Serrado* Insi Tip *(25 Zi., Sítio de Pedregal, Tel. 291 98 22 00, Fax 291 98 02 79, quinta.serrado@elix.pt, €€)*. Das Anwesen aus Naturstein und Holz hat einen kleinen Pool.

Capela de Nossa Senhora da Graça   [123 D3]
2 km nordöstlich von Vila Baleira, klammert sich oberhalb von Casinhas schneeweiß die Kirchlein Nossa Senhora da Graça an den Hang. Eine Marienerscheinung an dieser Stelle war der Grund für ihren Bau. Die heutige Kapelle stammt aus dem Jahr 1813. Jedes Jahr Mitte August gedenkt die Inselbevölkerung der Schutzpatronin mit einer Festprozession.

Fonte da Areia   [122 C2]
Vor der Kulisse bizarrer Sandsteinformationen entspringt 6 km nordwestlich von Vila Baleira eine Süßwasserquelle. Hübsch gefasst und

PORTO SANTO

von üppigem Grün umstanden, lockt sie Einheimische wie Touristen zur Picknickrast. Wer aus der Quelle trinkt, sagt der Volksmund, werde gleich 20 Jahre jünger. Ursprünglich nutzten die Einheimischen die »Sandquelle« als öffentlichen Waschplatz.

Pico do Castelo [123 D3]

Der zuckerhutförmige »Festungsberg« (437 m) 5 km nördlich von Vila Baleira ist die zweithöchste Erhebung der Insel. In früheren Zeiten suchten die Inselbewohner in dem Kastell auf der Bergspitze häufig Schutz vor Piraten. Inzwischen ist es nur noch eine Ruine. Mit dem Auto kann man bis zu einem 🔆 Aussichtspunkt etwa 100 m unter dem Gipfel fahren. Der Aufstieg zur verfallenen Burg dauert ca. 20 Min.

Ponta da Calheta [122 B5]

6 km südwestlich von Vila Baleira an der Ponta da Calheta ist Porto Santo zu Ende. Doch zum Greifen nah liegt vor der Westspitze der Insel die *Ilhéu de Baixo* mit ihren bizarren Kalksteinformationen. An bestimmten Tagen schießt das Wasser in hohen Fontänen aus einem ihrer Felsen. Den besten Blick auf dieses Schauspiel hat man vom Restaurant *O Calheta (Ponta da Calheta, Tel. 291 98 43 80, €€)*. Dort werden Fischspezialitäten serviert, und man bietet kostenlosen Transfer von und zum Hauptort.

Oberhalb der Ponta da Calheta liegt der 🔆 Aussichtspunkt *Pico das Flores*. Ungehindert schweift der Blick von hier über den gesamten Süden der Insel. Zur Linken liegen die Berge Cabeço do Zimbralhino, der Cabeço do Dragoal und der Pico de Ana Ferreira [122 C4]. Um

Letzteren rankt sich die Legende von einer illegitimen Königstochter, die den Berg als Schweigepfand erhielt und in seinen Höhlen ihre Schätze hortete. An seiner Nordflanke kann man eine schöne Formation eckiger Basaltsäulen sehen. **Insider Tipp** An der Ostseite liegt die *Adega das Levadas (Subida do Mirador das Flores, Tel. 291 98 27 21, € – €€)*, eine urige Adresse für Fleischspieße, hausgemachtes Brot und schweren *vinho do Porto Santo* aus dem eigenen Weingarten.

Quinta das Palmeiras [122 C3]

Tatkräftige Menschenhände haben eine Oase in der Wüste geschaffen: In dem kleinen botanischen Garten 5 km nordwestlich von Vila Baleira wimmelt es von exotischen Vögeln, frei fliegend, in Käfigen, auf Stangen *(tgl. 10–13 und 15–18 Uhr; Eintritt 1 Euro, Sítio dos Linhares)*.

Serra de Fora und Serra de Dentro

Über den 🔆 Aussichtspunkt Portela geht es hinein in die verkarstete Landschaft von Serra de Fora. Am Ortsausgang des verschlafenen Örtchens [123 E3], 3 km nordöstlich von Vila Baleira, lässt sich das steinerne Rund eines traditionellen Dreschplatzes *(aira)* erkennen. **Insider Tipp** 2 km weiter nördlich liegt Serra de Dentro [123 E2] zwischen den kahlen Kegeln des Pico Gandaia, Pico do Cabrito und des Fackelbergs Pico do Facho, dem höchsten Gipfel (517 m) der Insel, von dessen Spitze einst Leuchtfeuer von nahenden Schiffen kündeten. Ursprünglich war dies die wasserreichste Zone der Insel. Heute lebt niemand mehr in den grauen Basaltblockhäusern. Ein Großteil ist bereits verfallen.

81

AUSFLÜGE & TOURS

Ein Paradies für Wanderer

Die Touren sind in der Karte auf dem hinteren Umschlag und im Reiseatlas ab Seite 108 grün markiert

1 PICO DO ARIEIRO/ PICO RUIVO – ZU DEN HÖCHSTEN GIPFELN

★ Buchstäblich zu den Höhepunkten Madeiras führt diese Wanderung. Sie tauchen ein in eine weitgehend urwüchsige Wildnis aus schroffem Fels und karger Gebirgsvegetation. Wenn bei Sonnenaufgang die bizarren Steinzacken malven- und lavendelfarben leuchten oder das Abendrot sie kupfern aufglühen lässt, wenn der Morgennebel langsam die Bergspitzen freigibt oder weiße Wolkenkissen sich um sie legen, ist der Zauber perfekt. Aber die Wanderung ist schwer. Es gilt zum Teil steile, über bis zu 700 m reichende An- und Abstiege über hohe Felsstufen zu bewältigen. Mitunter ist der Weg schmal und ausgetreten, auch fünf oft wasserführende und unbeleuchtete Tunnel sind zu durchqueren. Trittsicherheit, Schwindelfreiheit und gute Kondition sind unabdinglich. Dauer: ca. 6,5 Std. Ausrüstung: knöchelhohe Wanderstiefel, Taschenlampe, Trinkwasser, Proviant, Fernglas, evtl. Wanderstock. An- und Abfahrt: per Mietwagen oder Taxi zum Parkplatz an der Pousada do Pico do Arieiro unterhalb des Gipfels.

Wählen Sie selbst, ob Sie die anstrengende Tour rechts mit dem kurzen Aufstieg auf den ↘ Pico do Arieiro beginnen, von dem sich ein herrliches Panorama fast der gesamten Insel bietet, oder ob Sie sich diesen Genuss aufsparen und gleich links über die Steinplatten und eine steile Treppe den höchsten Gipfel in Angriff nehmen.

Der Weg ist anfangs noch breit und streckenweise durch Geländer gesichert. Nach knapp 15 Min. erreichen Sie bereits die ↘ Felsspitze *Niho da Mata* (Bussardnest) mit dem ersten Aussichtspunkt, den Sie sicher noch mit vielen Turnschuhwanderern teilen. Bis zum zweiten *miradouro* müssen Sie schon ausgesetzt, d. h. ohne Sicherung ein schmales Gratstück queren, dafür sehen Sie aber bereits den zuvor vom Pico das Torres (1851 m) verborgenen Pico Ruivo.

Entlang der Felswände des Pico do Cidraõ (1798 m) geht es seitlich

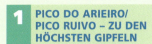

Blick vom Pico do Arieiro auf Gipfel, die von Passatwolken umspielt werden

83

steil abfallend, aber gesichert, über unzählige Stufen durch einen Felsdurchbruch bis zum Fuß des Pico do Gato (1780 m). Baumheide und Ginster säumen hier den Weg, den bald der erste Tunnel verschluckt. Hinter seinem Ausgang teilt sich der Weg, je nach Zustand wählen sie einen der beiden; sie treffen später wieder zusammen. Auf dem linken durchqueren Sie vier weitere Tunnel, der rechte führt Sie an der Ostflanke des Pico das Torres entlang.

Nach knapp 2 Std. steigt der nunmehr einzige, von Baumheide gesäumte Pfad sanft und dann in Serpentinen an. Von rechts mündet der Weg, der von Achada do Teixeira heraufkommt, geradeaus geht es weiter bergan zur gut sichtbaren Pico-Ruivo-Hütte. Dort halten sie sich links bis zu einer Gabelung, wo Sie wieder den linken Weg wählen (der rechte führt in ca. 4,5 Std. zum Encumeada-Pass).

In weniger als einer halben Stunde stehen Sie dann auf Madeiras höchstem Gipfel – belohnt von einem grandiosen Rundumblick (sofern das Wetter mitspielt): auf die Hochebene Paúl da Serra, die Bergspitzen um Curral das Freiras, die Nordküste, ja vielleicht sogar die Insel Porto Santo und die Ponta de São Lourenço.

Wer nun nicht den gleichen, durch die vielen Treppenanstiege Kräfte zehrenden Weg zurückwandern möchte, kann in weniger als einer Stunde nach *Achada do Teixeira* absteigen.

Sie müssten allerdings bereits im Voraus ein Taxi dorthin bestellt haben oder sich von einem freundlichen Autofahrer mitnehmen lassen bis Santana *(S. 57)*.

2 BOCA DO RISCO – AUSSICHTSBALKON AUF DIE NORDKÜSTE

★ So abwechslungsreich wie diese Levada-Route vom Ostzipfel Madeiras nach Porto da Cruz sind nur wenige Wanderstrecken auf der Insel: Kleinere Siedlungen liegen am Weg, ebenso wie einsame Kiefernwälder, schluchtartige Felsdurchbrüche und kultivierte Terrassenlandschaften. Immer bieten sich unterwegs überwältigende Ausblick auf die raue Nordküste. Die Wanderung ist mittelschwer, erfordert aber Trittsicherheit und Schwindelfreiheit, da große Teile des Weges ausgesetzt verlaufen, d. h. ohne Sicherung steil mehrere hundert Meter in die Tiefe abbrechen. Außerdem können starke Regenfälle ihn abgeschwemmt haben. Sie sollten daher nur bei wirklich gutem Wetter aufbrechen. Wer sich den Abstieg zur Küste nicht zutraut, wandert nur bis zur Boca do Risco und von dort zurück nach Machico (ca. 3 Std.), sonst dauert die Tour ca. 4,5 Std. Ausrüstung: Wanderschuhe, Proviant, Trinkwasser, Fernglas, evtl. Wanderstock. An- und Abfahrt: Mit dem Bus Nr. 113 von Funchal oder Machico bis zum Caniçal-Tunnel (Haltestelle Pico da Facho), von Porto da Cruz mit dem Bus Nr. 53 zurück nach Machico. Der 113er verkehrt an Werktagen zwischen 7 und 9 Uhr fünfmal, samstags viermal, sonntags zweimal. Der 53er fährt ab 13 Uhr viermal, samstags nur um 15.30, 17 und 18 Uhr, sonntags gar nicht.

Ausgangspunkt der Tour ist das kleine Haus auf der linken Straßen-

AUSFLÜGE & TOUREN

Wanderer auf der Ponta de São Lourenço

seite am westlichen Eingang des Caniçal-Tunnels. Direkt davor beginnt die *Levada do Caniçal*. Zunächst folgen Sie ihr auf einem breiten Betonweg, der bald in einen schmalen Wiesenpfad übergeht. Geradeaus vorbei am Abzweig zum Gasthaus *O Tunel (€)*, hinter dem sich bald ein schöner Blick auf das Tal von Machico und den Pico do Facho bietet, gelangen Sie in ein Wäldchen. Dahinter öffnet sich eine weite Terrassenlandschaft mit Bananen, Wein und Gemüse.

Nun gilt es, einen Felsdurchbruch zu passieren, dann führt die Levada kurz nach rechts in ein tief eingeschnittenes kleines Tal. Folgen Sie weiter dem Wasserlauf, bis rechts über zwei Stufen ein Pfad abzweigt – das ist der richtige Weg zur *Boca do Risco*. Sanft, aber steinig steigt er zunächst an, dann führt er erneut hinab in ein Tal, verläuft durch einen Kiefernwald und wiederum durch Terrassenfelder. Nach rund 1,5 Std. und einem leichten Linksschwenk ist die felsige Scharte der Boca do Risco erreicht. Aus rund 450 m Höhe bietet sich Ihnen hier ein eindrucksvoller Blick über den östlichen Teil der schroffen, weitgehend unberührten Nordküste.

Weiter geht es nun in Richtung Westen, über einen zunächst dicht mit Baumheide und Sträuchern bewachsenen Steig. Immer wieder wird nun dschungelartiges Grün mit lichten Abschnitten wechseln und ausgesetztes Terrain zu bewältigen sein. Der Steig nähert sich bald einer Felswand, wird schmal, schottrig und abschüssig. Inzwischen haben Sie auch schon mehrere Ziegengatter passiert, am **sechsten** sollten Sie den **tollen Blick** auf den Adlerfelsen und das benachbarte Porto da Cruz genießen. *Insider Tipp*

Mehr als die Hälfte des Weges haben Sie nun hinter sich und der Charakter der Landschaft beginnt

85

sich erneut zu ändern, beschert Ihnen Eukalyptus- und Kiefernhänge. Über ein paar Steinstufen geht es hinab zu einem tief eingeschnittenen Wasserlauf und durch zwei ähnliche kleine Schluchten. Kurz danach sehen Sie eine Erdstraße. Sie führt auf etwa gleicher Höhe weiter zu einer Scharte und links in ein Tal mit Terrassenfeldern. Noch immer laufen Sie jedoch auf einem Bergrücken parallel zur Küste, begleitet von einer Wasserrinne. Die ersten Häuser tauchen jetzt auf, die Straße ist bereits asphaltiert. Sie folgen ihr knapp 1 km steil bergab bis kurz vor einer Kuppe. Dort zweigt scharf rechts ein Betonweg ab. Von ihm führen links Stufen zu einem gut sichtbaren Levadaweg hinunter.

Diesem folgen Sie, vorbei an Gemüsefeldern, kreuzen bald einen Erdweg und wenden sich bei einem in den Fels gebauten Stall nach links in Richtung Meer. Über einen kleinen Kamm geht es nun erneut steil abwärts, durch ein (im Sommer) trockenes Bachbett und quer über den Hang auf eine Häusergruppe zu. Oberhalb davon stoßen Sie auf einen Treppenweg, den Sie hinuntersteigen. Halten Sie sich nun über den Hügel weiter nach links bis Sie einen gepflasterten Weg erreichen. Eine Steinwand weist Ihnen den Abzweig nach rechts Richtung Küste. Es bleibt noch ein Bachbett mit einer eingestürzten Brücke zu umgehen, dann führt der Weg weiter geradeaus, steigt noch einmal kurz an und bald danach erklimmen Sie einige Steinstufen. So erreichen Sie die Straße, auf der Sie gen Westen auf den Adlerfelsen zugehen. Nach weniger als 1 km erreichen Sie den Hauptplatz von Porto da Cruz *(S. 59)*.

3 RABAÇAL – WASSERZAUBER UND WILDES GRÜN

Fast jeden Wanderer auf Madeira zieht es nach Rabaçal. Das feuchte Tal zwischen der Hochebene Paúl da Serra und dem zur Nordküste weisenden Höhenzug vom Pico da Fajã da Lenha bis Fanal birgt auf engstem Raum zahlreiche Möglichkeiten, sich wie im Dschungel zu fühlen. Dichtes Grün säumt hier Levadas und Bäche, über schroffe Felswände stürzt Quellwasser herab. Diese Wanderung ist leicht bis mittelschwer. An- und Abfahrt: Mit Mietwagen oder Taxi bis zum kleinen Parkplatz an den Steinhütten von Rabaçal. Lokale Veranstalter bieten Tagespauschalen mit Transfer an. Die Wege können durch die hohe Feuchtigkeit im Talkessel sehr rutschig sein. Ausrüstung: Stabiles Schuhwerk mit guter Profilsohle, evtl. Nässeschutz und Proviant. Dauer: 40 Min. bzw. ca. 2 Std.

Cascata do Risco und *25 Fontes* heißen die beiden schönsten und beliebtesten Ziele von Rabaçal. Die Touren in die unbewohnte Senke beginnen gleich hinter den über ein paar Stufen vom Parkplatz zu erreichenden Steinhütten, die als staatliche Ferienunterkünfte geplant wurden. Wegweiser erleichtern die Orientierung. Nach einigen Kehren erreichen Sie bereits den breiten, ebenen Weg der *Levada do Risco*. Ihm folgen Sie bis zum wiederum ausgewiesenen Abzweig 25 Fontes. Nun müssen Sie sich entscheiden: Wasserfall gleich oder später.

Falls Sie die erste Variante wählen, spazieren Sie weiter an der Le-

AUSFLÜGE & TOUREN

Levada das 25 Fontes – malerische Plätze für ein Picknick finden Sie leicht

vada geradeaus. Nach etwa einer Viertelstunde zweigt dann rechts ein gesicherter Pfad ab in den Kessel des Risco-Wasserfalls und mündet auf einer ⚠ Aussichtsterrasse. Sie sind am Ziel, staunen über den Tropfenschleier, der die hohe Felswand überzieht. Zurück geht es auf demselben Weg. Weiterzulaufen unter der Kaskade und durch einen Tunnel, empfiehlt sich nicht, diese Richtung ist aus Sicherheitsgründen schon nach wenigen Metern gesperrt.

Für die Wanderung zu den 25 Quellen orientieren Sie sich dort, wo es rechts in Richtung Risco geht, am linken Hinweisschild. Über Steinstufen, Kehren und eine zweite Treppe erreichen Sie die *Levada das 25 Fontes*. Folgen Sie ihr entgegen der Fließrichtung. Rechts liegt nun bald ein ⚠ Aussichtspunkt, von dem man den weiteren Verlauf der Levada sehen kann und hinabblickt ins Tal.

Wo der Wasserlauf im Berg verschwindet, weisen Steinstufen mit Holzgeländer den Weg zu einer Brücke, über die es wieder hinauf geht zur Levada. Kurz hinter diesem Punkt können Sie hinabschauen in den Risco-Kessel. *Insider Tipp*. Am Levadamäuerchen entlang geht es am Hang, nur gesichert durch Baumheide, bis zu einem Plateau, von dort dann in einer Rechtskurve hinein ins Tal der 25 Quellen. An dieser Stelle geht geradeaus der Steig hinunter zu Levada da Rocha Vermelha. Sie aber folgen weiter dem Wasserlauf bis zu einer zweiten Brücke, an der Sie sich mit der breiteren Levada nach rechts wenden. Nach wenigen Metern öffnet sich ein Talkessel und Sie stehen am Ort der 25 Quellen. In den trockenen Sommermonaten rieselt ihr Nass allerdings höchstens spärlich über die Felsen. Sonst dürfen Sie aber hoffen, dass das Wasser ordentlich herunterplätschert.

87

SPORT & AKTIVITÄTEN

Von Biken bis Putten

Neben den klassischen Angeboten für Wanderer und Wassersportler gibt es auch allerlei Neues

Mit seinen Levadas und Gipfelpfaden ist Madeira ein facettenreiches Wanderparadies. Golfer freuen sich über zwei recht spektakuläre Plätze. Auch für Taucher, Surfer und Fans anderer Wassersportarten gibt es viele Möglichkeiten. Mit Blick auf jüngere Besucher entwickelt man jetzt auch neue Angebote. So umfasst die Palette der Outdoor-Aktivitäten inzwischen Trekking, Canyoning, Drachen- und Gleitschirmfliegen, Klettern, Mountainbiken oder Jeepsafaris.

Die Inselregierung engagiert sich kräftig in Sachen Meeres- und Küstentourismus. Aber Madeira ist kein Badeziel im traditionellen Sinne. Es gibt (mit zwei Ausnahmen) nur Strände mit großen Rundkieseln, meist direkt an der Straße. Bei Calheta wurde eine künstliche Lagune geschaffen, Ähnliches ist für andere Küstenorte geplant.

Santa Cruz verlängert seine Kais, damit Segelboote anlegen können, in Caniçal soll ein Wassersportzentrum entstehen, in der Nähe von São Vicente ist ein internationales Surfcamp geplant. Funchal soll eine zweite Marina erhalten.

Auf dem 18-Loch-Platz
Palheiro Golfe östlich von Funchal

BIKEN

Steile Anstiege, rasante Abfahrten, einsame Berg- und Waldpfade – Madeira hat Bikern einiges zu bieten. Leihmöglichkeiten und organisierte Touren u. a. bei *Hartmut Peters (Sítio da Achada de Santo Antão, Arco de Calheta, Mobiltel. 964 13 39 07); Terras de Aventura & Turismo (Caminho de Amparo, Funchal, Tel. 291 77 68 18, terrasdeaventura@mail.telepac.pt).*

DRACHEN- & GLEITSCHIRMFLIEGEN

Madeiras Topografie stellt für Paraglider und Drachenflieger eine echte Herausforderung dar, denn es gibt nur wenige geeignete Startplätze und noch weniger Landepunkte. Für Anfänger sind Tandemflüge möglich. Die Startpunkte liegen vorwiegend an der Südküste, z. B. am Mirodouro von Arco de Calheta, am Pico da Cruz bei Funchal und in Prazeres. Auf Porto Santo: am Pico das Flores und am Pico do Ana Ferreiro. Infos: *Aeroclube da Madeira (Rua da Castanhero E2, Tel. 291 22 83 11, aeraoclubemadeira@netmadeira.com), Aerogene Lda./Madeira Airbaise (Sítio da*

Achada de Santo Antão, Arco de Calheta, Mobiltel. 964 13 39 07, www.madeira-airbaise.de, www.madeira-paragliding.com).

GOLF

Wichtigstes Golfereignis ist das *Madeira Open* im Frühjahr. Madeiras Greens liegen an ausgesucht schönen Punkten. Vom 27-Loch-Parcours von ⚐ *Santo do Serra (Tel. 291 55 01 00)* haben die Spieler eine atemberaubende Aussicht auf die Ostküste. In den Höhen östlich von Funchal bietet der ⚐ *Palheiro Golf Sítio do Balançal S. Gonçalo (Tel. 291 79 21 16)* ebenfalls ein eindrucksvolles Panorama. Der 18-Loch-Platz erstreckt sich über ca. 6 km und weist alten Baumbestand auf. Infos: *www.madeira-golf.com*

Insider Tipp

HOCHSEEANGELN

Bei verschiedenen lokalen Reiseagenturen, an der Hotelrezeption oder direkt im Yachthafen von Funchal lassen sich solche Trips buchen. Meist werden nicht mehr als sechs Passagiere mitgenommen. Infos: z. B. *Madeira Big Game Fishing (Mobiltel. 93 66 12 47 50), Lobos Sports Fishing (Tel. 291 22 00 48), Turipesca (Tel. 291 23 10 63),* alle in der Marina von Funchal.

REITEN

Das Angebot für Unterricht und/oder Ausritte (auch in Gruppen) ist recht klein. Infos: *Associação Hipica da Madeira (Quinte Vale Pires, Caminho dos Pretos, São Gonçalo, Tel. 291 79 25 82), Quinta do Pântão (Casias Próximos, Santo da Serra, Tel. 291 55 25 77), Hotel Es-*

trelícia (Caminho Velho da Ajuda, Tel. 291 70 66 00), Crowne Plaza Resort Hotel (Estrada Monumetal 175, Tel. 291 71 77 00, crowne. plaza.md@mail.telepac.pt).

SEGELN & BOOTSTOUREN

Segelkurse werden nicht angeboten, wer seinen Schein schon hat, kann bei *Aquasports* im Lido *(Funchal, Rua do Gorgulho)* Jollen mieten. Mitsegeln können Sie auf einer gecharterten Luxusyacht oder als Gruppenpassagier auf kleineren Booten – sogar auf die Ilhas Desertas. Auf einigen Trips besteht die Möglichkeit, Wale und Delphine zu beobachten. Infos: *Ardeola Cruzeiros (Tel. 291 21 08 09), Eurofun (Centro Commercial Olimpio, Loja 206 D, Av. do Infante, Funchal, Tel. 291 22 86 38, www.eurofun-madeira.com), Gavião (Tel. 291 24 11 24, gaviaomadeira@netmadeira.com).*

SURFEN

Anspruchsvolle Wellenreiter und Surfer schätzen vor allem die Nordküste mit ihrer hohen Brandung. Auch vor Jardim do Mar und Paúl do Mar sind die Bedingungen recht gut. Für Anfänger eignet sich am ehesten Porto Santo. Leihbretter gibt es in den großen Hotels.

Inside Tipp

TAUCHEN

Zahlreiche exotische Fischarten tummeln sich in den glasklaren Gewässern und lassen das Taucherherz höher schlagen – ebenso wie bizarre unterseeische Lavaformationen und Höhlen. Die Tauchbasen liegen an der Süd- bzw. Südostküste Madeiras (Caniço de Baixo, Fun-

90

SPORT & AKTIVITÄTEN

Wanderungen, z. B. zum Risco-Wasserfall sind besonders beliebt

chal, Machico) sowie auf Porto Santo. Viele stehen unter deutsch(sprachig)er Leitung. Tauchgänge führen u. a. in das 1986 eingerichtete Meeresnaturschutzgebiet. Infos: *Atalaya (Canico de Baixo, im Hotel Roca Mar, Tel. 291 93 48 22), Baleia (Machico, im Hotel Dom Pedro Baia, Tel. 291 96 74 35), Mares d'Aventura (Porto Santo, im Hotel Vila Baleira, Mobiltel. 967 22 18 43), Nautisanto (Marina de Funchal, Tel. 291 23 13 12, www.nautisantofishing.com).*

WANDERN

Das beste Mittel, Madeira wirklich zu erkunden, sind die eigenen Füße – ob bei einem kurzen Levadaspaziergang oder einem schweißtreibenden Aufstieg im Gebiet der Picos. Stets sollten diese Touren umsichtig geplant werden. Das fängt bei der Ausrüstung an: Denken Sie an mögliche Wetterumschwünge (plötzlicher Nebel, Regen, Temperaturgefälle). Danach können die Wege glitschig sein oder durch Erdrutsche blockiert. In manchen Tunneln steht oft ganzjährig Wasser, außerdem sind viele unbeleuchtet. Geländer und Handseile stellen die Ausnahme dar. Ähnlich verhält es sich mit der Markierung. Zwar wurde für die Bergregionen inzwischen ein Leit- und Bewertungssystem eingeführt – gelbe Tafeln mit ein bis drei schwarzen Sternen –, doch erst an wenigen Stellen umgesetzt. Oft sind Pfade auch zugewachsen. Start- und Endpunkt der Strecken sind mitunter weit voneinander entfernt und nicht immer (oder schlecht) mit öffentlichen Verkehrsmitteln zu erreichen. Eine zuverlässige Lösung ist die Verabredung mit einem Taxifahrer, der Sie am Ziel Ihrer Wanderung erwartet. Organisierte Wanderungen haben u. a. im Programm: *Naturfreunde Madeiras (Rua Portão São Tiago, Funchal, Tel. 291 28 04 69), Turivema – Turismo Verde e Ecológico das Madeira (Edificio Baía, Loja 1 R/C Bloco Este, Estrada Monumental 187, Funchal, Tel. 29 17 76 61 09, www.madeira-levada-walks.com).*

MIT KINDERN REISEN

Staunen über das Abenteuer Natur

Alte Schiffe, bunte Fische und das Geheimnis des Lichts sind auf Madeira zu entdecken

Ein wenig Phantasie braucht es schon, um Kinder auf Madeira zu beschäftigen, denn Themenparks oder Abenteuerspielplätze hat die Insel nicht zu bieten. Auch das Meer zeigt sich hier nicht gerade von seiner sanften Seite.

Eine faszinierende Alternative sind die Lavapools von Porto Moniz. Auch die flache Praia das Palmeiras in Santa Cruz hat sich mit Meerwasserbassin, Pontoninseln und Comicfiguren auf Kinder eingestellt. In Funchal tummeln sich Familien gern in der Lido-Badelanlage *(Sommer tgl. 8.30–19 Uhr, Winter 9–18 Uhr, Rua do Gorgulho)* oder im *Barrinheira-Schwimmbad (Sommer tgl. 9–19 Uhr, Winter 9–18 Uhr, Largo do Soccoro)*. Kilometerlangen, goldenen Strand finden Groß und Klein auf Porto Santo. Dort gibt es auch eine Kartbahn mit Kinderkarts und Doppelsitzerflitzern. Selbst die Fahrt mit der Fähre auf die Nachbarinsel oder der Flug dorthin in dem Propellermaschinchen kann für Kids schon ein Abenteuer sein.

Mit strahlenden Augen stehen Knirpse meist auch vor der »Santa Maria«. Der Nachbau eines der Ko-

Beim Blumenfest in Funchal

lumbusschiffe ankert in Funchals Frachthafen. Wenn die als Piraten verkleidete Besatzung den Anker lichtet, schlagen nicht nur Kinderherzen höher. Bei gutem Wetter gibt es unterwegs einen Schwimmstopp, und manchmal zeigen sich Wale und Delphine *(tgl. 10.30 und 15 Uhr, Fahrtdauer 3 Std., Kinder bis 10 Jahren 11,50 Euro, Erw. 23 Euro, Tel. 29 12 20 37).*

Ebenfalls ein Familienerlebnis ist sicher die – allerdings teure – Fahrt mit der neuen Seilbahn von der Inselhauptstadt nach Monte.

Wer mit seinem Nachwuchs einen Ausflug in die Bergwelt Madeiras plant, kann unterwegs in der *Quinta Pedagógica dos Prazeres* **[108 C6]** von der Straße aus Strauße oder Lamas bestaunen und auf der Hochebene Paúl da Serra **[110 A6]** einkehren ins *Caférestaurant Jungle-Rain (Tel. 291 82 01 50, €€)*. Pappkulissen und künstliche Tiere verbreiten dort Urwaldatmosphäre.

Alles über die Erzeugung von Elektrizität und ihre Anwendung erfahren Kinder im *Museu de Electricidade,* dem einstigen Wärmekraftwerk Funchals. Sie können sogar selbst Strom erzeugen *(Di–So 10–12.30 und 14–18 Uhr, Eintritt 2 Euro, Rua da Casa da Luz 2).*

Insider Tipp

Angesagt!

**Was Sie wissen sollten über Trends,
die Szene und Kuriositäten auf Madeira**

Café, Café, Café
Ob Hauptstadt oder Bergdorf – Treffpunkt ist traditionell das Café. Bei einem Bier oder einer *bica* (Espresso) wird getratscht, werden Pläne geschmiedet für den Abend oder das Wochenende. Auf dem Land ist der Cafétresen oft Bestandteil eines Kramlädchens und sowohl Nachrichtenbörse als auch Kummerkasten. Oft regiert König Fußball das Gespräch (nicht nur, weil die EM 2004 in Portugal ausgetragen wird)

und/oder der ständig flimmernde Fernseher. Beliebte Themen auf der Mattscheibe: südamerikanische Soaps und Quizsendungen jeder Art.

Tango und Jazz
Der Musikgeschmack der Madeirenser ist absolut global – vom internationalen Rap bis zum portugiesischen (Soft-)Rock ist alles zu hören. Derzeit erlebt der Jazz eine Renaissance, beim Tanzen macht der Tango beliebten brasilianischen Rhythmen Konkurrenz. Tanzschulen, Clubs und Musicstores reagieren prompt. Neben Discs von Astor Piazzolla oder Jose Bragato gehen aber nach wie vor auch Scheiben von Madre de Deus (Festlandfolk mit Klassik gemischt) über den Tresen.

Malls
Kein Sonntag ohne Schaufensterbummel – vor allem in den neuen Malls. Als Pärchen, in der Clique oder mit der Familie tummeln sich die Einheimischen stundenlang in diesen cool gestylten Konsumwelten wie etwa dem am Nordwestrand Funchals gelegenen *Madeira-Shoppingcenter.* Seine Kinos, Cafés, Restaurants und Leseecken sind beliebte Treffpunkte der jungen Insulaner. Einkaufen? Nicht unbedingt nötig!

Landluft
Vor allem Oberschichtsstädter entdecken den Reiz ländlicher Inselregionen (wieder). Mit Allradfahrzeugen und in teurer Markenfreizeitkleidung kurven junge Anwälte und Manager von Funchal aus in die Dörfer ihrer Vorfahren oder Verwandten, lassen oft sogar deren verfallene Besitztümer als uriges Wochenend- oder Ferienziel restaurieren. So poliert die Upperclass das Image der Insel – ergänzend zum Schuhwerk, das spiegelblank sein muss, und zu den Gläsern der neuesten Designersonnenbrillen.

PRAKTISCHE HINWEISE

Von Anreise bis Zoll

Hier finden Sie kurz gefasst die wichtigsten Adressen und Informationen für Ihre Madeira-Reise

ANREISE

Pauschalarrangements mit Flug und Unterkunft sind die einfachste und meist auch preiswerteste Variante. Ein reiner Charterflug kostet im Sommer ca. 290 Euro. Die einzige Linienverbindung bietet Air Portugal (TAP) – täglich zweimal, allerdings mit Umsteigen in Lissabon. Das Ticket kostet mindestens 400 Euro. Von der portugiesischen Hauptstadt fliegt die TAP im Sommer auch mehrmals wöchentlich direkt nach Porto Santo. Sonst verkehren von Madeira bis zu fünfmal täglich Propellermaschinen (ca. 20 Min). Madeiras Flughafen *(Tel. 291 52 49 33)* liegt bei Santa Cruz, etwa 20 km vom Zentrum Funchals entfernt. Verbunden mit der City ist er durch die Buslinien 11, 78, 53, 156 (Haltestelle etwa 200 m unterhalb des Flughafengebäudes) sowie durch den Aerobus (hält vor dem Ankunftsterminal).

Kreuzfahrtschiffe legen häufig in Madeira an. Eine Fährverbindung existiert nicht – außer zwischen Madeira und Porto Santo. Jeden Morgen läuft die Fähre »Lobo Marinho« der Porto Santo Line von Funchal aus die Schwesterinsel an (ca. 2,5 Std. 53 Euro Hin- und Rückfahrt). Im Sommer gibt es zusätzliche Abendverbindungen. Wer einmal übernachtet, erhält ein vergünstigtes Ticket. *(Tel. 291 21 03 00, www.portosantoline.pt)*. Eine zweite Fährverbindung ist geplant.

AUSKUNFT

Portugiesisches Touristikzentrum
Schäfergasse 17, 60313 Frankfurt, Tel. 069/23 40 94, Fax 23 14 33 Opernring 1, 1010 Wien, Tel 01/ 585 44 50–9, Fax 585 44 45 Badener Straße 15, 8004 Zürich, 01/241 00 01, Fax 241 00 12

Direcção Regional do Turismo
Mo–Fr 9–20 Uhr, Sa und So 9–18 Uhr, Av. Arriaga 18, 9004–519 Funchal, Tel. 291 21 19 00 und 291 21 19 02, Fax 291 23 21 51, www.madeiratourism.org

AUTO

Die Höchstgeschwindigkeit liegt in allen Orten bei 50 km/h, auf Landstraßen bei 90 km/h. Trotzdem treten die Einheimischen gern mal kräftiger aufs Gaspedal. Auch die Promillegrenze von 0,5 und die Gurtpflicht nehmen nicht alle ernst. Die Hauptstraßen der Insel sind asphaltiert und in relativ gutem Zustand. Parkplätze im Zentrum Funchals sind rar und teuer. Auf Porto

Santo zweigen von den drei Hauptstraßen meist nur Pisten ab.

CAMPING

Freies Campen ist nur mit einem Berechtigungsschein der Forstbehörde *(Direcção Regional de Forestas, Funchal, Tel. 291 74 00 60–1)* möglich. Die lokalen Forsthäuser weisen dann die Standorte zu. Der einzige Campingplatz Madeiras liegt in Porto Moniz, auf Porto Santo findet man ein Zeltterrain in Vila Baleira.

DIPLOMATISCHE VERTRETUNGEN

Für Deutschland:
Honorarkonsulat, Mo–Fr 10–12.30 Uhr, Largo do Phelps 6, Funchal, Tel. 291 22 03 38, Fax 291 23 01 08

Für Österreich:
Honorarkonsulat, Mo–Fr 9.30 bis 12.30 und 14.30–18 Uhr, Rua Imperatriz Dona Amélia 4, Tel. 291 20 61 02–3, Fax 291 28 16 20
Die Schweiz ist konsularisch nicht vertreten, in Notfällen hilft das deutsche Konsulat.

EINREISE

Für Bürger der EU-Staaten und der Schweiz genügt ein Personalausweis oder Reisepass.

GELD & PREISE

Die Banken auf Madeira und Porto Santo sind meist Mo–Fr 8.30–15 Uhr geöffnet, einige machen aber Mittagspause. Auch auf dem Land gibt es inzwischen fast überall Geldautomaten. In größeren Hotels, Restaurants und Geschäften kön-

www.marcopolo.de

Das Reiseweb mit Insider-Tipps

Mit Informationen zu mehr als 4000 Reisezielen ist MARCO POLO auch im Internet vertreten. Sie wollen nach Paris, in die Dominikanische Republik oder ins australische Outback? Per Mausklick erfahren Sie unter www.marcopolo.de das Wissenswerte über Ihr Reiseziel. Zusätzlich zu den Reiseführerinfos finden Sie online:

- täglich aktuelle Reisenews und interessante Reportagen
- regelmäßig Themenspecials und Gewinnspiele
- Miniguides zum Ausdrucken

Gestalten Sie MARCO POLO im Web mit: Verraten Sie uns Ihren persönlichen Insider-Tipp, und erfahren Sie, was andere Leser vor Ort erlebt haben. Und: Ihre Lieblingstipps können Sie in Ihrem MARCO POLO Notizbuch sammeln. Entdecken Sie die Welt mit www.marcopolo.de! Holen Sie sich die neuesten Informationen, und haben Sie noch mehr Spaß am Reisen!

PRAKTISCHE HINWEISE

nen Sie mit Kreditkarte zahlen. Das Preisniveau entspricht ungefähr dem deutschen. Grundnahrungsmittel (z. B. Brot) sind staatlich subventioniert und günstiger, andere Produkte wie z. B. Kosmetika und Hygienartikel sind teurer. Außerhalb der Touristenzonen lebt es sich generell preiswerter.

Was kostet wie viel?

Poncha	**1, 60 bis 2 Euro**	für ein Glas
Bica	**70 Cent**	für einen Espresso
Lapas	**5 Euro**	für eine Portion Napfschnecken
Wein	**50 Cent**	für ein Glas Landwein
Sandwich	**2,50 Euro**	für ein Sandwich
Bier	**80 Cent**	für ein kleines Bier vom Fass

GESUNDHEIT

Viele Hotels vermitteln in Notfällen den jeweiligen Hotelarzt. Grundsätzlich ist eine medizinische Konsultation sofort zu bezahlen. Die Rechnung kann man bei der Krankenkasse in Deutschland einreichen. Den Auslandskrankenschein tauscht im Bedarfsfall z. B. *das Centro de Saúde* in Funchal *(Mo–Fr 9.30–12 und 14–16 Uhr; Rua das Hortas 67, Tel. 291 22 91 61)* in einen portugiesischen Behandlungsschein um. Er gilt jedoch nur in den staatlichen Krankenhäusern, Ambulanzen und Gesundheitszentren. Unweit der Hotelzone von Funchal liegt das staatliche *Hospital Cruz Cavalho (Av. Luís de Camões, Tel. 291 70 56 88)*. Facharzthilfe rund um die Uhr bietet die private *Santa Catarina-Klinik (Rua 5 de Outobro 115, Tel. 291 74 11 27)*. Gleiches gilt für die kleine *Clínica da Sé (Rua dos Murças 42, Tel. 291 20 76 76 und 291 23 01 27–9)*, in der englisch gesprochen wird. Dort praktiziert auch der deutschsprachige Zahnarzt Dr. António Cardoso.

In Caniço de Baixo hat sich der in Hamburg ausgebildete Internist Dr. Pierre Curado niedergelassen *(Rua Bartolomeu Perestrelo, Casa A–1–A, Tel. 291 93 22 18)*.

Jeder größere Inselort hat ein Gesundheitszentrum *(centro de sa-*
úde), auch Porto Santo: *Centro de Saúde Porto Santo (Rua Dr. José Diamantino Lima Tel. 291 98 00 60)*.

Apotheken *(farmácias, postos de medicamentos)* gibt es in ausreichender Zahl. Eine ist immer rund um die Uhr geöffnet; an jeder Apothekentür hängt der aktuelle Dienstplan. Man kann aber auch seine persönlichen Medikamente in unbegrenzter Menge mitbringen.

INTERNET

Gute Informationen über die Insel bieten u. a. *www.madeira-web.com* (Reiseführer, der zumindest in der englischen Version ständig aktualisiert wird), *www.madeira-island. com* (detaillierte Inselvorstellung mit einer Fülle von Links), *www.madeiraonline.com* (Links zu allen möglichen Homepages von Sport bis Internet) und *www.madei*

97

ra-holiday.com (von einem Madeira-begeisterten Briten gestaltete Page mit breiter Infopalette), *www.madeiraapartments.com* (Apartments und kleine Häuser).

INTERNETCAFÉS

www.Internet *(tgl. 10–23 Uhr, Rua Bom Jesus, C.C. Europa, Shop 301, 3. Stock, Funchal);*
www.cybercafe *(Mo–Fr 8–1 Uhr, Sa 8–4 Uhr, Av. do Infante 6, Funchal Tel. 291 69 48)*
cremesoda *(Mo–Fr 9–21 Uhr, Sa 10–21 Uhr, So 17–21 Uhr, Rua dos Ferreiros 9, Funchal Tel. 291 23 69 27)*
Global Net Café *(tgl. 9–22 Uhr, Rua do Hospital Velho 25, Funchal, Tel. 291 28 06 71)*
Auf der Hauptpost von Funchal besteht die Möglichkeit, per Karte im Internet zu surfen. Weitere dieser Net-Post-Stationen gibt es in Machico und auf Porto Santo.

KLIMA & REISEZEIT

Es herrscht ganzjährig ein mildes Klima, selbst im Januar und Februar liegen die Tagestemperaturen an der Küste im Süden nur ausnahmsweise unter 15 Grad. Die wärmsten Monate sind Juli, August und September, trotzdem klettert das Thermometer selten über 25 Grad.

MEDIEN

Einige Hotels bieten deutschen TV-Empfang. Radio Turista sendet um 9 Uhr ein halbstündiges Programm für deutsche Gäste (Mittelwelle 1485 kHz), Deutsche Welle hören Sie auf 15275 oder 17869 kHz.

Wetter in Funchal

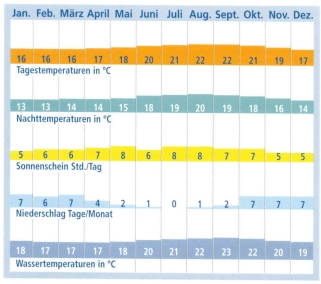

	Jan.	Feb.	März	April	Mai	Juni	Juli	Aug.	Sept.	Okt.	Nov.	Dez.
Tagestemperaturen in °C	16	16	16	17	18	20	21	22	22	21	19	17
Nachttemperaturen in °C	13	13	14	14	15	18	19	20	19	18	16	14
Sonnenschein Std./Tag	5	6	6	7	8	6	8	8	7	7	5	5
Niederschlag Tage/Monat	7	6	7	4	2	1	0	1	2	7	7	7
Wassertemperaturen in °C	18	17	17	17	18	20	21	22	23	22	20	19

PRAKTISCHE HINWEISE

MIETWAGEN

Am Flughafen von Madeira und Porto Santo sind (inter)nationale Mietwagenfirmen vertreten. Ebenso in den beiden Hauptstädten sowie in anderen touristischen Zentren. Adressen und Telefonnummern stehen in den gelben Seiten *(Automoveis – Aluguer)*. Regionale Anbieter locken oft mit Sonderangeboten. Der Leihwagenkunde muss mindestens 21 Jahre alt sein. Die Fahrzeugpreise liegen zwischen 22 Euro (Peugeot 106) und 40 Euro (Ford Focus) pro Tag zuzüglich 13 Prozent Steuer, gelten aber für unbegrenzte Kilometer. Sie können Madeira auch mit einem geliehenen Motorrad erkunden, für Porto Santo empfehlen sich Motorroller. Angebote für Autovermietungen finden Sie auch unter *www.marco polo.de*.

NOTRUF

Feuerwehr, Ambulanz *Tel. 115*
Polizeinotruf *Tel. 112*
Rotes Kreuz (Funchal) *Tel. 291 74 11 15*
Pannenhilfe/Autobahnnotruf *(Assistencia) Tel. 800 29 02 90*

ÖFFENTLICHE VERKEHRSMITTEL

Per Bus erreichen Sie fast jeden Ort auf Madeira und auch die meisten Sehenswürdigkeiten. Der Streckenplan ist in der hinteren Umschlagklappe abgebildet. Die Touristeninformation verkauft den Fahrplan (1,25 Euro). An den Haltestellen selbst fehlen meist konkrete Informationen. Die Fahrpläne folgen den Bedürfnissen der Einheimischen, d. h., das Gros der Überlandbusse verkehrt am frühen Morgen von den Dörfern aus nach Funchal und spätnachmittags in umgekehrter Richtung. Porto Santos Busse richten sich nach den Schulzeiten und nach dem Fährenfahrplan.

Das Ticket kann im Bus gekauft werden, der Preis ist nach Entfernung gestaffelt. Für Funchal empfiehlt es sich, einen günstigen Zehnerblock am Kiosk zu kaufen oder gleich den *passe turistico (15 Euro)*. Er berechtigt zum unbegrenzten Fahren im Stadtbereich an sieben aufeinanderfolgenden Tagen.

Einen zentralen Busbahnhof gibt es auf Madeira nicht, die meisten Linien verkehren von der Av. do Mar aus.

Dort ist auch eine der Haltestelle des Flughafenbusses *(aerobus)*, der inzwischen bis in die Hotelzone fährt. Er braucht für die Strecke circa 20 bis 30 Min. (8 Euro), TAP-Ticket-Inhaber fahren vom Flughafen umsonst in die City.

POST

Ein rotweißes Schild mit Reiter und den Buchstaben CTT kennzeichnet die Poststationen. Geöffnet sind sie meist Mo–Fr 9–12.30 Uhr und 14–17.30 Uhr. Die Hauptpost von Funchal *(Av. Zarco)* ist wochentags 9–20 Uhr, Sa 9–12.30 Uhr geöffnet. Briefmarken *(selos)* werden außer am Postschalter auch in lizenzierten Bars und Zeitungsläden, bzw. Kiosken verkauft.

STROM

Die Stromspannung beträgt 220 Volt. Fast alle Hotels haben europäische DIN-Norm-Steckdosen.

TAXI

Die Gebührenordnung steckt meist hinter dem Beifahrersitz. Grundgebühr: 1,50 Euro, für jede weitere 90 m sowie pro 20 Sek. Wartezeit 5 Cent. Die Fahrt vom/zum Flughafen kostet je nach Ort zwischen 18 und 28 Euro. Bei Inselrundtouren ist ein Wagenpreis zwischen 22 und 89 Euro zu zahlen. Es gibt keinen zentralen Taxiruf, die Nummern der Halteplätze stehen in den gelben Seiten des Telefonbuchs.

TELEFON & HANDY

Am preisgünstigsten führen Sie Auslandsgespräche von der Hauptpost. Zudem gibt es fast überall in Funchal und in den meisten größeren Orten Kartentelefone für Gespräche auch ins Ausland *(internacionais)*. Telefonkarten sind bei der Post, an Kiosken und in Tabakläden erhältlich. Mobiltelefone funktionieren überall auf Madeira und Porto Santo; es gibt drei Anbieter: TMN, Optimus, Telecel. TMN hat die günstigsten Tarife. Informieren Sie sich über »Calling Cards« fürs Ausland, die Sie in Deutschland kaufen und mit denen Sie vom Urlaubsort aus telefonieren können.

Vorwahlen: nach Deutschland 0049, nach Österreich 0043, in die Schweiz 0041. Von Deutschland nach Madeira/Porto Santo 00351.

TRINKGELD

Im Restaurants und Taxi ist es üblich aufzurunden. Zimmermädchen, Portier, Kofferträger, Tourguide und Schuhputzer freuen sich ebenfalls über einen kleinen Zusatz zum meist kargen Verdienst.

UNTERKUNFT

Rund 30 000 Gästebetten gibt es zurzeit auf Madeira, das Gros in Funchal. Meist handelt es sich um Vier- und Fünf-Sterne-Häuser (nach portugiesischem Verständnis). Darüberhinaus gibt es Aparthotels von einfach bis komfortabel, *estalagems* (einfachere Hotels) und *albergarias* sowie Pensionen *(pensão, residencial)* und die Landunterkünfte des *turismo de habitação (TH)* bzw. *turismo rural (TR)*. Mitunter sind dies ehemalige Herrensitze *(quintas)* – allerdings nutzen auch Hotels die begehrte Bezeichnung. Ländlich-rustikal geben sich die in den Bergregionen liegenden *pousadas*.

ZEIT

Auf dem Madeira-Archipel gilt Greenwicher-Zeit. Daher ist es immer eine Stunde früher als in Deutschland.

ZEITUNGEN

Deutschsprachige Zeitungen und Illustrierte kommen meist mit einem Tag Verspätung. Speziell für Touristen gibt es (u. a. beim Fremdenverkehrsamt) gratis »Madeira Aktuell« (deutsch), »Madeira Life« (portugiesisch, englisch, deutsch) und das »Madeira Island Bulletin« (englisch) mit interessanten Informationen, auch über Ausflugsmöglichkeiten.

ZOLL

EU-Bürger können Waren zum persönlichen Gebrauch zollfrei ein- und ausführen. Für Schweizer gelten als Freimenge z. B. 200 Zigaretten, 2 l Wein, 1 l Spirituosen.

SPRACHFÜHRER PORTUGIESISCH

Falas português?

»Sprichst du Portugiesisch?«
Dieser Sprachführer hilft Ihnen, die wichtigsten
Wörter und Sätze auf Portugiesisch zu sagen

Zur Erleichterung der Aussprache sind alle portugiesischen Wörter mit einer einfachen Aussprache (in eckigen Klammern) versehen. ' vor einer Silbe bedeutet, dass die nachfolgende Silbe betont wird. Das L wird »dunkel« wie im Englischen ausgesprochen.

AUF EINEN BLICK

Ja./Nein.	Sim. [sing] / Não. [nau]
Vielleicht.	Talvez. [tal'wesch]
Bitte.	Se faz favor. [s fasch fa'wor]
Danke.	Obrigado./Obrigada.
	[ubri'gadu/ubri'gada]
Bitte sehr./Gern ge-schehen.	De nada./Não tem de quê.
	[d 'nada/nau täi dö ke]
Entschuldigen Sie!/ Entschuldige!	Desculpe!/Desculpa!
	[dösch'kulp/dösch'kulpa]
In Ordnung!/Einverstanden!	Está bem/De acordo!
	[schta 'bäi/da'kordu]
Wie bitte?	Como? ['komu]
Ich verstehe Sie nicht.	Não compreendo. [nau kom'prjendu]
Sprechen Sie Deutsch?	Fala alemão?
	['fala alö'mau]
Können Sie mir bitte helfen?	Pode ajudar-me, se faz favor?
	['poddaschu'darm s fasch fa'wor]
Ich möchte …	Queria … [kö'ria]
Das gefällt mir (nicht).	(Não) Gosto disto. [('nau) 'goschtu 'dischtu]
Haben Sie …?	Tem …? [täi]
Wie viel kostet es?	Quanto custa? ['kuantu 'kuschta]

KENNENLERNEN

Guten Morgen!/Tag!	Bom dia!/Boa tarde! [bong 'dia/'boa 'tard]
Guten Abend!	Boa tarde!/Boa noite!
	['boa 'tard/'boa 'noit]
Hallo!/Grüß dich!	Olá! [ol'la]
Wie geht es Ihnen?	Como está? ['komu schta]

101

Wie geht's?	Como vai? ['komu wai]
Danke. Und Ihnen/dir?	Bem, obrigado/obrigada. E o senhor/ a senhora/você/tu? [bäi ubri'gadu/ ubri'gada. i u sö'njor/a sö'njora/wos'se/tu]
Auf Wiedersehen!/Tschüss!/ Bis später!/Bis zum nächsten Mal!	Adeus!/Até logo!/Até à próxima! [a'de-usch/a'tä 'logu/a'tä a 'prossima]

UNTERWEGS

Auskunft

links	à esquerda [a 'schkerda]
rechts	à direita [a di'räita]
geradeaus	em frente [äi 'frent]
nah/weit	perto ['pärtu]/longe ['longsch]
Bitte, wo ist ...?	Se faz favor, onde está ...? [s fasch fa'wor 'ondäschta]
Wie weit ist das?	Quantos quilómetros são? ['kuantusch ki'lomötrusch sau]

Panne

Ich habe eine Panne.	Tenho uma avaria. ['tenjumawa'ria]
Würden Sie mich bis zur nächsten Werkstatt ab- schleppen?	Pode rebocar-me até à oficina mais próxima? ['podd röbu'karma'tä a ofi'sina maisch 'prossima]
Gibt es hier in der Nähe eine Werkstatt?	Há alguma oficina aqui perto? [a al'gumofi'sina'ki 'pärtu]

Tankstelle

Wo ist bitte die nächste Tankstelle?	Se faz favor, onde ésta a posto de gasolina mais próxima? [s fasch fa'wor 'ondäschta a 'bomba de gasu'lina maisch 'prossima]
Ich möchte ... Liter ...	Se faz favor, ... litros de ... [s fasch fa'wor, ... 'litrusch dö ...]
... Super.	... súper. ['supär]
... Diesel.	... gasóleo. [ga'sollju]
... Bleifrei/Verbleit.	... sem chumbo/com chumbo. [säi 'schumbu/kong 'schumbu]
Voll tanken, bitte.	Cheio, se faz favor. ['scheju s fasch fa'wor]

Unfall

Hilfe!	Socorro! [su'koru]
Achtung!/Vorsicht!	Atenção [ateng'sau]
Rufen Sie schnell ...	Chame depressa ... ['scham dö'prässa]
... einen Krankenwagen.	... uma ambulância. [umambu'langsja]
... die Polizei.	... a polícia. [a pu'lisja]

SPRACHFÜHRER PORTUGIESISCH

Es war meine/Ihre Schuld.	A culpa foi minha/sua. [a 'kulpa foi 'minja/'sua]
Geben Sie mir bitte Ihren Namen und Ihre Anschrift.	Pode dizer-me o seu nome e o seu endereço, se faz favor? [podd di'sermu se-u 'nomi u se-u endö'resu s fasch fa'wor]

ESSEN

Wo gibt es hier bitte …	Pode dizer-me, se faz favor, onde há aqui … ['podd di'sermö s fasch fa'wor onda a'ki …]
… ein gutes Restaurant?	… um bom restaurante? [ung bong röschtau'rant]
… ein nicht zu teures Restaurant?	… um restaurante não muito caro? [ung röschtau'rant nau 'muitu 'karu]
Gibt es hier eine Bar/ ein Café?	Há aqui um bar/um café? [a a'ki ung 'bar/ung ka'fä]
Reservieren Sie uns bitte für heute Abend einen Tisch für vier Personen.	Pode reservar-nos para hoje à noite uma mesa para quatro pessoas, se faz favor? ['podd rösör'warnusch 'para 'oscha 'noit uma 'mesa para 'kuatru pö'soasch s fasch fa'wor]
Können Sie mir bitte … reichen?	Pode-me dar …, se faz favor? ['poddmö dar …, s fasch fa'wor]
Messer	faca ['faka]
Gabel	garfo ['garfu]
Löffel	colher [ku'ljer]
Auf Ihr Wohl!	À sua saúde! [a 'sua sa'ud]
Das habe ich nicht bestellt.	Não foi isto que eu pedi. ['nau foi 'ischtu ki-eu pö'di]
Bezahlen, bitte.	A conta, se faz favor. [a 'konta s fasch fa'wor]
Hat es geschmeckt?	Estava bom? ['schtawa bong]
Das Essen war ausge- zeichnet.	A comida estava excelente. [a ku'mida 'schtawa schsö'lent]

ÜBERNACHTEN

Können Sie mir bitte … empfehlen?	Se faz favor, pode recomendar-me … [s fasch fa'wor 'podd rökumen'darmö]
… ein gutes Hotel …	… um bom hotel? [ung bong ot'täl]
… eine Pension …	… uma pensão? ['uma pen'sau]
Haben Sie noch Zimmer frei?	Ainda tem quartos livres? [a'inda täi 'kuartusch 'liwrösch]
ein Einzelzimmer	um quarto individual [ung 'kuartu indiwi'dual]

103

ein Zweibettzimmer	um quarto de casal [ung 'kuartu dö ka'sal]
mit Bad	com casa de banho [kong 'kasa dö 'banju]
... für eine Nacht.	... para uma noite. ['para 'uma 'noit]
... für eine Woche.	... para uma semana. ['para uma sö'mana]

PRAKTISCHE INFORMATIONEN

Arzt

Können Sie mir einen guten Arzt empfehlen?	Pode indicar-me um bom médico? ['poddindi'karmung bong 'mädiku]
Ich habe hier Schmerzen.	Dói-me aqui. ['doima'ki]
Ich habe Fieber.	Tenho febre. ['tenju 'fäbr]

Post

Briefmarke	selo ['selu]
Was kostet ...	Quanto custa ... ['kuantu 'kuschta]
... ein Brief ...	... uma carta ... ['uma 'karta]
... eine Postkarte ...	... um postal ... [ung pusch'tal]
... nach Deutschland?	... para a Alemanha? ['paraalö'manja]
Kann ich bei Ihnen ein Telefax nach ... schicken?	Posso mandar aqui um telefax para ...? ['posu man'dara'ki ung tele'faks 'para]

ZAHLEN

0	zero ['säru]	20	vinte ['wingt]
1	um, uma ['ung, 'uma]	21	vinte e um ['wingti 'ung]
2	dois, duas ['doisch, 'duasch]	22	vinte e dois ['wingti 'doisch]
3	três [tresch]	30	trinta ['tringta]
4	quatro ['kuatru]	40	quarenta [kua'renta]
5	cinco ['sinku]	50	cinquenta [sin'kuenta]
6	seis ['säisch]	60	sessenta [sö'senta]
7	sete ['sät]	70	setenta [sö'tenta]
8	oito ['oitu]	80	oitenta [oi'tenta]
9	nove ['noww]	90	noventa [nu'wenta]
10	dez ['däsch]	100	cem ['säi]
11	onze ['ons]	101	cento e um ['sentui 'ung]
12	doze ['dos]	200	duzentos [du'sentusch]
13	treze ['tres]	1000	mil [mil]
14	catorze [ka'tors]	2000	dois mil [doisch mil]
15	quinze ['kings]	10 000	dez mil [däsch mil]
16	dezasseis [dösa'säisch]		
17	dezassete [dösa'sät]	1/2	um meio [ung 'meju]
18	dezoito [dö'soitu]	1/3	um terço [ung 'tersu]
19	dezanove [dösa'noww]	1/4	um quarto [ung 'kuartu]

REISEATLAS

Reiseatlas Madeira

Die Seiteneinteilung für den Reiseatlas finden Sie auf dem hinteren Umschlag dieses Reiseführers

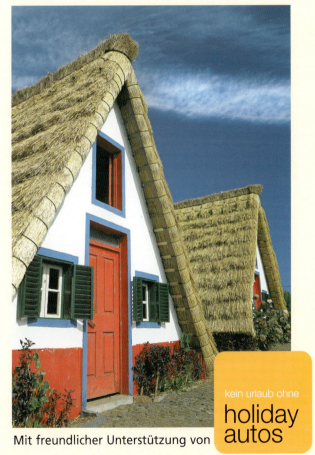

Mit freundlicher Unterstützung von

kein urlaub ohne
holiday autos

www.holidayautos.com

anzeige

total relaxed in den urlaub: einsteiger-übung

1. lehnen sie sich entspannt zurück und gleiten sie in gedanken zu den cleveren angeboten von holiday autos. stellen sie sich vor, als weltgrösster vermittler von ferienmietwagen bietet ihnen holiday autos

   - mietwagen in über 80 urlaubsländern
   - zu äusserst attraktiven preisen

2. vergessen sie jetzt die üblichen zuschläge und überraschungen. dank

   - alles inklusive tarife
   - wegfall der selbstbeteiligung
   - und min. 1,5 mio € haftpflichtdeckungssumme (usa: 1,1 mio €)

   steht ihr endpreis bei holiday autos von anfang an fest.

3. nehmen sie ganz ruhig den hörer, wählen sie die telefonnummer **0180 5 17 91 91** (12cent/min), surfen sie zu **www.holidayautos.com** oder fragen sie in ihrem reisebüro nach den topangeboten von holiday autos!

kein urlaub ohne holiday autos

KARTENLEGENDE REISEATLAS

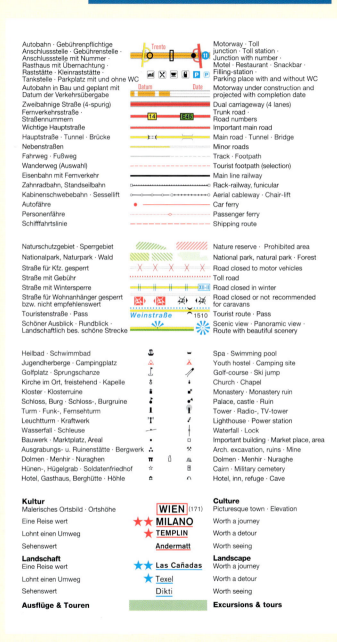

Autobahn · Gebührenpflichtige Anschlussstelle · Gebührenstelle · Anschlussstelle mit Nummer · Rasthaus mit Übernachtung · Raststätte · Kleinraststätte · Tankstelle · Parkplatz mit und ohne WC	Motorway · Toll junction · Toll station · Junction with number · Motel · Restaurant · Snackbar · Filling-station · Parking place with and without WC
Autobahn in Bau und geplant mit Datum der Verkehrsübergabe	Motorway under construction and projected with completion date
Zweibahnige Straße (4-spurig)	Dual carriageway (4 lanes)
Fernverkehrsstraße · Straßennummern	Trunk road · Road numbers
Wichtige Hauptstraße	Important main road
Hauptstraße · Tunnel · Brücke	Main road · Tunnel · Bridge
Nebenstraßen	Minor roads
Fahrweg · Fußweg	Track · Footpath
Wanderweg (Auswahl)	Tourist footpath (selection)
Eisenbahn mit Fernverkehr	Main line railway
Zahnradbahn, Standseilbahn	Rack-railway, funicular
Kabinenschwebebahn · Sessellift	Aerial cableway · Chair-lift
Autofähre	Car ferry
Personenfähre	Passenger ferry
Schifffahrtslinie	Shipping route
Naturschutzgebiet · Sperrgebiet	Nature reserve · Prohibited area
Nationalpark, Naturpark · Wald	National park, natural park · Forest
Straße für Kfz. gesperrt	Road closed to motor vehicles
Straße mit Gebühr	Toll road
Straße mit Wintersperre	Road closed in winter
Straße für Wohnanhänger gesperrt bzw. nicht empfehlenswert	Road closed or not recommended for caravans
Touristenstraße · Pass	Tourist route · Pass
Schöner Ausblick · Rundblick · Landschaftlich bes. schöne Strecke	Scenic view · Panoramic view · Route with beautiful scenery
Heilbad · Schwimmbad	Spa · Swimming pool
Jugendherberge · Campingplatz	Youth hostel · Camping site
Golfplatz · Sprungschanze	Golf-course · Ski jump
Kirche im Ort, freistehend · Kapelle	Church · Chapel
Kloster · Klosterruine	Monastery · Monastery ruin
Schloss, Burg · Schloss-, Burgruine	Palace, castle · Ruin
Turm · Funk-, Fernsehturm	Tower · Radio-, TV-tower
Leuchtturm · Kraftwerk	Lighthouse · Power station
Wasserfall · Schleuse	Waterfall · Lock
Bauwerk · Marktplatz, Areal	Important building · Market place, area
Ausgrabungs- u. Ruinenstätte · Bergwerk	Arch. excavation, ruins · Mine
Dolmen · Menhir · Nuraghen	Dolmen · Menhir · Nuraghe
Hünen-, Hügelgrab · Soldatenfriedhof	Cairn · Military cemetery
Hotel, Gasthaus, Berghütte · Höhle	Hotel, inn, refuge · Cave

Kultur / **Culture**
Malerisches Ortsbild · Ortshöhe / Picturesque town · Elevation
Eine Reise wert / Worth a journey
Lohnt einen Umweg / Worth a detour
Sehenswert / Worth seeing

Landschaft / **Landscape**
Eine Reise wert / Worth a journey
Lohnt einen Umweg / Worth a detour
Sehenswert / Worth seeing

Ausflüge & Touren / **Excursions & tours**

107

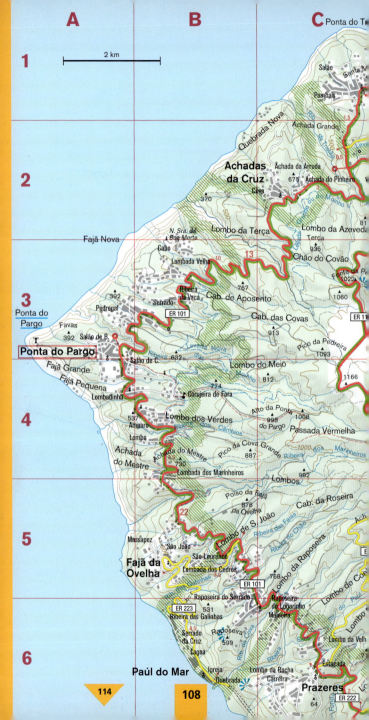

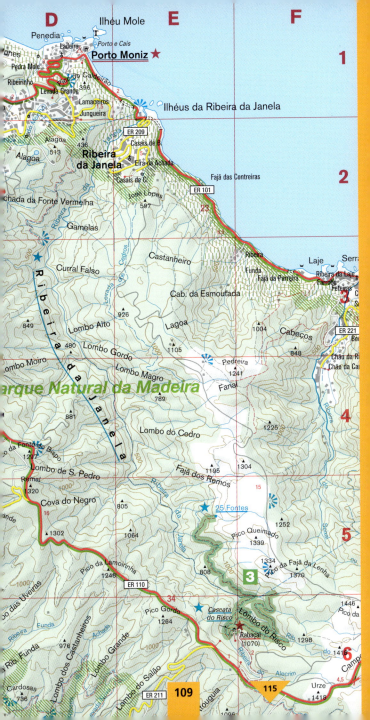

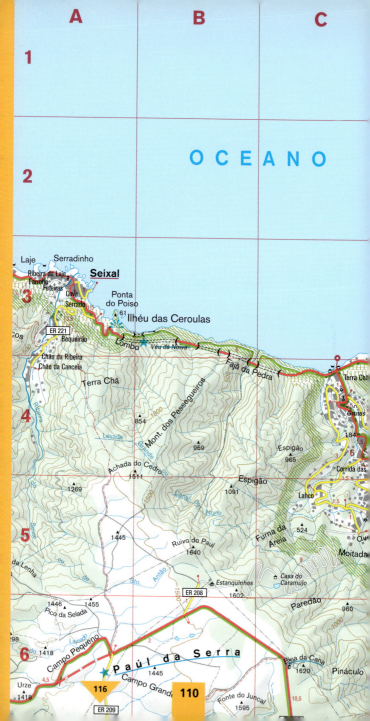

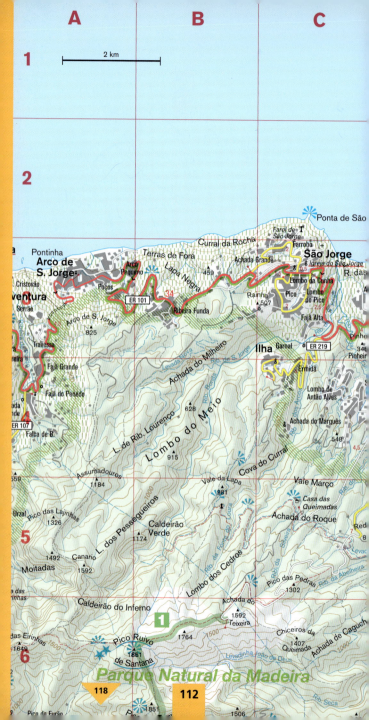

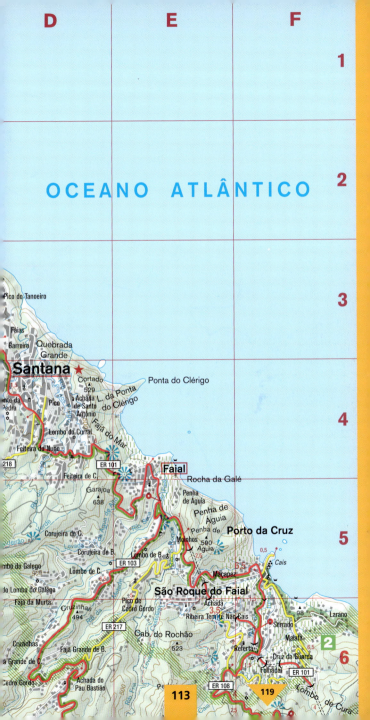

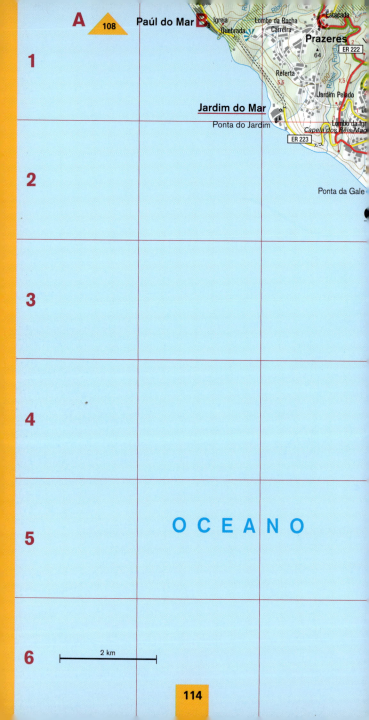

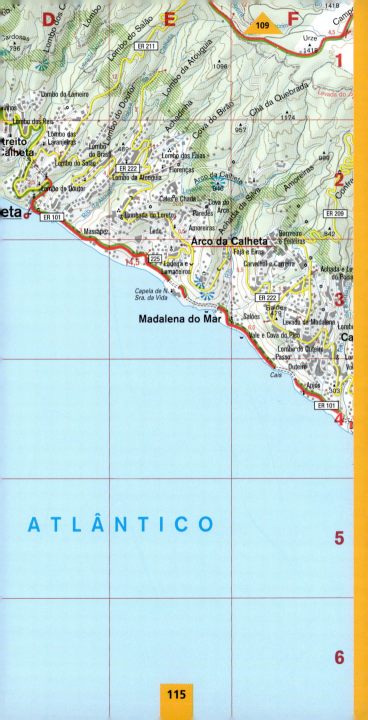

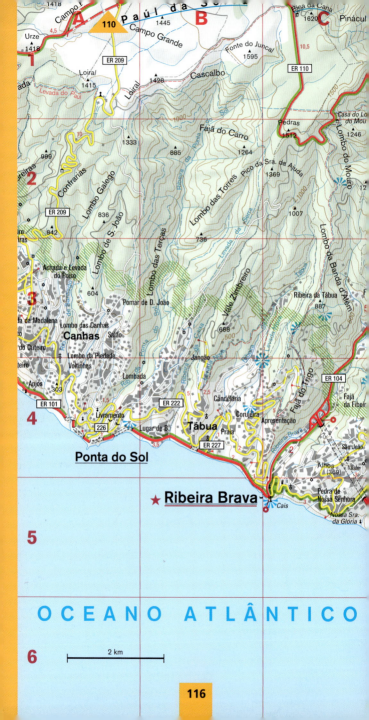

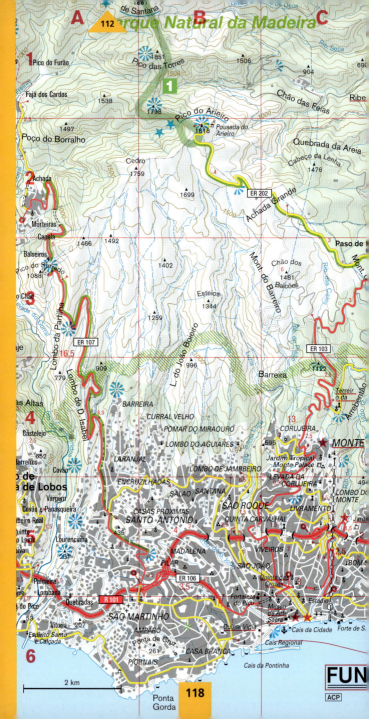

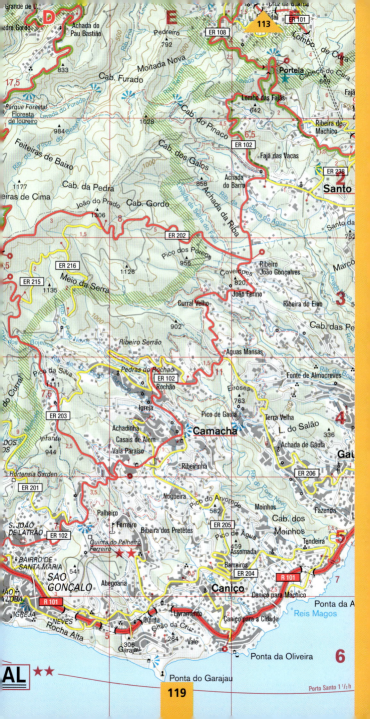

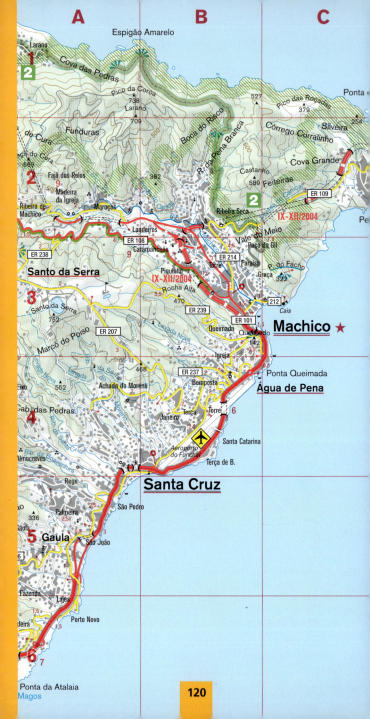

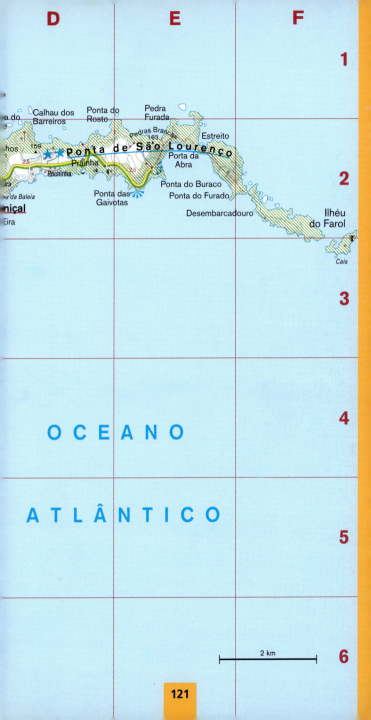

anzeige

total relaxed in den urlaub: übung für fortgeschrittene

1. schliessen sie die augen und denken sie intensiv an das wunderbare wort „ferienmietwagen zum alles inklusive preise". stellen sie sich viele extras vor, die bei holiday autos alle im preis inbegriffen sind:

- unbegrenzte kilometer
- haftpflichtversicherung mit min. 1,5 mio €uro deckungssumme (usa: 1,1 mio €uro)
- vollkaskoversicherung ohne selbstbeteiligung
- kfz-diebstahlversicherung ohne selbstbeteiligung
- alle lokalen steuern
- flughafenbereitstellung
- flughafengebühren

2. atmen sie tief ein und lassen sie vor ihrem inneren auge die zahlreichen auszeichnungen vorbeiziehen, die holiday autos in den letzten jahren erhalten hat.

   sie buchen ja nicht irgendwo.

3. nehmen sie ganz ruhig den hörer, wählen sie die telefonnummer **0180 5 17 91 91** (12cent/min), surfen sie zu **www.holidayautos.com** oder fragen sie in ihrem reisebüro nach den topangeboten von holiday autos!

kein urlaub ohne
holiday autos

|124

MARCO POLO

Für Ihre nächste Reise gibt es folgende Titel:

Deutschland
Allgäu
Amrum/Föhr
Bayerischer Wald
Berlin
Bodensee
Chiemgau/
 Berchtesgaden
Dresden
Düsseldorf
Eifel
Erzgebirge/
 Vogtland
Franken
Frankfurt
Hamburg
Harz
Heidelberg
Köln
Leipzig
Lüneburger Heide
Mark Brandenburg
Mecklenburgische
 Seenplatte
Mosel
München
Nordseeküste:
 Schleswig-
 Holstein
Oberbayern
Ostfries. Inseln
Ostfriesland:
 Nordseeküste
 Niedersachsen
Ostseeküste:
 Mecklenburg-
 Vorpommern
Ostseeküste:
 Schleswig-
 Holstein
Pfalz
Potsdam
Rügen
Ruhrgebiet
Schwarzwald
Spreewald/
 Lausitz
Stuttgart
Sylt
Thüringen
Usedom
Weimar

Frankreich
Bretagne
Burgund
Côte d'Azur
Disneyland Paris
Elsass
Frankreich
Frz. Atlantikküste
Korsika
Languedoc-
 Roussillon
Loire-Tal
Normandie
Paris
Provence

Italien Malta
Apulien
Capri
Dolomiten
Elba
Emilia-Romagna
Florenz
Gardasee
Golf von Neapel
Ischia
Italien
Italien Nord
Italien Süd
Ital. Adria
Ligurien
Mailand/
 Lombardei
Malta
Oberital. Seen
Piemont/Turin
Rom
Sardinien
Sizilien
Südtirol
Toskana
Umbrien
Venedig
Venetien/Friaul

Spanien Portugal
Algarve
Andalusien
Barcelona
Costa Blanca
Costa Brava
Costa del Sol/
 Granada
Fuerteventura
Gomera/Hierro
Gran Canaria
Ibiza/Formentera
Lanzarote
La Palma
Lissabon
Madeira
Madrid
Mallorca
Menorca
Portugal
Spanien
Teneriffa

Nordeuropa
Bornholm
Dänemark
Finnland
Island
Kopenhagen
Norwegen
Schweden

Osteuropa
Baltikum
Budapest
Königsberg/Ost-
 preußen Nord
Masurische Seen
Moskau
Plattensee
Polen
Prag
Riesengebirge
Rumänien
Russland
St. Petersburg
Slowakei
Tschechien
Ungarn

Österreich Schweiz
Berner Oberland/
 Bern
Kärnten
Österreich
Salzburger Land
Schweiz
Tessin
Tirol
Wien
Zürich

Westeuropa und Benelux
Amsterdam
Brüssel
England
Flandern
Irland
Kanalinseln
London
Luxemburg
Niederländ. Küste
Niederlande
Schottland
Südengland
Wales

Südosteuropa
Athen
Bulgarien
Chalkidiki
Griechenland
 Festland
Griechische
 Inseln/Ägäis
Ionische Inseln
Istrien/Kvarner
Istanbul
Korfu
Kos
Kreta
Kroatische Küste
Peloponnes
Rhodos
Samos
Slowenien
Türkei
Türkische
 Mittelmeerküste
Zypern

Nordamerika
Alaska
Chicago und
 die Großen Seen
Florida
Hawaii
Kalifornien
Kanada
Kanada Ost
Kanada West
Los Angeles
New York
Rocky Mountains
San Francisco
USA
USA Neuengland
USA Ost
USA Südstaaten
USA Südwest
USA West
Washington, D.C.

Mittel- und Südamerika Antarktis
Antarktis
Argentinien/
 Buenos Aires
Bahamas
Brasilien
Chile
Costa Rica
Dominikanische
 Republik
Ecuador/
 Galapagos
Jamaika
Karibik I
Karibik II
Kuba
Mexiko
Peru/Bolivien
Venezuela
Yucatán

Afrika Vorderer Orient
Ägypten
Djerba/
 Südtunesien
Dubai/Emirate/
 Oman
Israel
Jemen
Jerusalem
Jordanien
Kenia
Libanon
Marokko
Namibia
Südafrika
Syrien
Türkei
Türkische
 Mittelmeerküste
Tunesien

Asien
Bali/Lombok
Bangkok
China
Hongkong/
 Macau
Indien
Japan
Ko Samui/
 Ko Phangan
Malaysia
Nepal
Peking
Philippinen
Phuket
Singapur
Sri Lanka
Taiwan
Thailand
Tokio
Vietnam

Indischer Ozean Pazifik
Australien
Hawaii
Malediven
Mauritius
Neuseeland
Seychellen
Südsee

Sprachführer
Arabisch
Englisch
Französisch
Griechisch
Italienisch
Kroatisch
Niederländisch
Norwegisch
Polnisch
Portugiesisch
Russisch
Schwedisch
Spanisch
Tschechisch
Türkisch
Ungarisch

In diesem Register sind alle in diesem Führer erwähnten Orte, Ausflugsziele und Museen, etliche Sehenswürdigkeiten und zusätzliche Stichworte verzeichnet. Halbfette Seitenzahlen verweisen auf den Haupteintrag, kursive auf ein Foto.

Achada do Teixeira 84
Achadas da Cruz 50
Blandy's Garden *15*, 39
Boaventura 62
Boca da Encumeada 53
Boca do Risco 84f.
Cabanas *54,* 60
Cabo 50
Cabo Girão 39
Calheta **45ff.,** 89, 90
Camacha 21, **65ff.**
Camacha/Porto Santo 80
Câmara de Lobos 8, 20, **39f.**
Caminho Velho da Ajuda 90
Campo de Baixo/ Porto Santo 78
Caniçal 25, **70f.,** 89
Caniço 27, **41,** 90, 91, 97
Casa Museu Christóvão Colombo/ Vila Baleira 77f.
Casas de Colmo/ Santana 58
Cascata do Risco s. Risco-Wasserfall
Casinhas/Porto Santo 80
Chão da Ribeira 63
Curral das Freiras 41
Estreito de Câmara de Lobos 25, **40**
Faial 58f.
Fajã da Ovelha 50f.
Fajã dos Padres 39
Fonte da Areia/ Porto Santo 80f.
Funchal 8, *10,* 11, 17, 19, *24,* 25, *26,* **27–38,** 42, 89, 90,

91, *92,* 93, 94, 97, 98, 99, 128
Garajau 41
Grutas de São Vicente 60f.
Ilhas Desertas 11
Ilhas Selvagens 11
Jardim Botânico 41f.
Jardim do Mar *46,* **47f.,** 90
Kolumbus, Christoph 33, 51, 75, **77f.**
Levada das 25 Fontes 86f.
Levada do Risco 86
Levadas 9, **15f.,** 128
Machico 25, 65, **68ff.,** 84, 91, 98
Madalena do Mar 48
Mercado dos Lavradores/Funchal 31
Monte 11, 25, **42f.,** 93
Museu-Biblioteca Mário Barbeito de Vasconcelos/ Funchal 33
Museu da Baleia/ Caniçal 70
Museu de Arte Sacra/Funchal 33
Museu do Vinho/ Funchal 33
Mueu Etnográfico da Madeira/ Ribeira Brava 52
Museu Henrique e Francisco Franco/ Funchal 33
Museu Municipal/ Funchal 33

Núcleo Museológico da Cidade do Açucar – CMF/ Funchal 33f.
Núcleo Museológico do I.B.T.A.M./ Funchal 34
Palheiro-Gärten 39
Paso de Poiso 67
Paúl da Serra 25, **48f.,** 93
Paúl do Mar **47f.,** 49, 90
Perestrelo, Bartolomeu 8, 68
Pessoa, Fernando 49
Photografia Museu Vicentes/Funchal 34
Pico das Flores/ Porto Santo 81, 89
Pico das Torrinhas 53
Pico do Arieiro *9,* 59, 67, *82,* **83f.**
Pico do Castelo/ Porto Santo 81
Pico do Facho 71
Pico do Jorge 53
Pico Ruivo 7, *9,* 53, **59, 83f.**
Ponta da Calheta/ Porto Santo 78, **81**
Ponta Delgada 62
Ponta de São Lourenço 71f., *85*
Ponta do Pargo 25, *44,* **49f.**
Ponta do Sol *6,* 51
Portela 72
Porto da Cruz 55, **59,** 84, 86
Porto Moniz 25, **55ff.,** 93, 96
Porto Novo 65

REGISTER

Porto Santo 8, 11, 15, 16f., *74*, **75–81,** 89, 90, 91, 93, 95, 97, 98, 99
Prazeres **49,** 89
Queimadas 59f.
Quinta das Palmeiras/Porto Santo 81
Rabaçal 49, **86f.**
Reid's Palace 8, 13, **36f.**
Ribeira Brava 25, **51f.**
Ribeira da Janela 57

Ribeiro Frio 67f.
Risco-Wasserfall 49, **86f.**
Rosário 62f.
Santa Catarina (Flughafen) 8, 65, **95,** 99
Santa Cruz *64,* **73,** 89, 93, 95
Santana 25, **57f.,** 84
Santo da Serra **72f.,** 90
São Gonçalo 90
São Jorge 60
São Vicente 55, **60ff.,** 89

Seixal 55, **63**
Serra de Água 53
Serra de Dentro/ Porto Santo 81
Serra de Fora/ Porto Santo 81
Teixeira, Tristão Vaz 8, 68, 75
Vila Baleira/Porto Santo **76–80,** 96
Vila Calheta s. Calheta
Zarco, João Gonçalves 8, 68, 75

Schreiben Sie uns!

Liebe Leserin, lieber Leser,

wir setzen alles daran, Ihnen möglichst aktuelle Informationen mit auf die Reise zu geben. Dennoch schleichen sich manchmal Fehler ein – trotz gründlicher Recherche unserer Autoren/innen. Sie haben sicherlich Verständnis, dass der Verlag dafür keine Haftung übernehmen kann. Wir freuen uns aber, wenn Sie uns schreiben.

Senden Sie Ihre Post an die MARCO POLO Redaktion, Mairs Geographischer Verlag, Postfach 31 51, 73751 Ostfildern, marcopolo@mairs.de

Impressum

Titelbild: Häuser in Santana (Mauritius: Coll)
Fotos: G. Amberg (25, 43); O. Baumli (1, 74); Colorvision: Uthoff (7, 22, 26); R. Hackenberg (4, 5 l., 10, 31, 36, 59, 70, 94); HB Verlag: Schwarzbach (20, 92); Huber: Schmid (24); Mauritius: Coll (105); G. P. Reichelt (U r., 12); Schuster: Putz (2 o.); T. Stankiewicz (55, 76, 85); H. Wagner (U r., 5 r., 45, 91); T. P. Widmann (27, 46, 56, 72); E. Wrba (U l., 2 u., 6, 9, 15, 17, 18, 28, 30, 32, 38, 40, 44, 48, 52, 53, 54, 61, 63, 64, 66, 68, 75, 79, 82, 87, 88)

1. (8.), komplett neu erstellte Auflage 2003 © Mairs Geographischer Verlag, Ostfildern
Herausgeber: Ferdinand Ranft, Chefredakteurin: Marion Zorn
Bildredakteurin: Gabriele Forst
Kartografie Reiseatlas: © Mairs Geographischer Verlag/Falk Verlag
Gestaltung: red.sign, Stuttgart
Sprachführer: in Zusammenarbeit mit Ernst Klett Verlag GmbH, Stuttgart, PONS Wörterbücher
Das Werk einschließlich aller seiner Teile ist urheberrechtlich geschützt. Jede urheberrechtsrelevante Verwertung ist ohne Zustimmung des Verlages unzulässig und strafbar. Das gilt insbesondere für Vervielfältigungen, Übersetzungen, Nachahmungen, Mikroverfilmungen und die Einspeicherung und Verarbeitung in elektronischen Systemen.
Printed in Germany. Gedruckt auf 100% chlorfrei gebleichtem Papier

Bloß nicht!

**Auf Portugiesisch heißt das viel höflicher:
por favor, não!**

Oben ohne

Wie alle Südländer legen die
Madeirenser großen Wert auf
korrekte Kleidung. Nackte
Männeroberkörper sind außer am
Strand ein absolutes Tabu, auch
durch knappe Freizeitkleidung bei
Frauen zeigen sich sowohl viele
Dorf- als auch Stadtbewohner
irritiert. Unbedeckte weibliche
Brüste werden allenfalls
am Hotelpool akzeptiert; in
öffentlichen Badeanstalten und
am Strand erregen sie heftigen
Anstoß.

Levadas »säubern«

Madeiras Bewässerungssystem
unterliegt komplizierten Regeln.
Jeder Bauer zahlt für eine gewisse
Levadazeit, außerhalb dieser
blockiert er den Zugang zu seinen
Kanälen mit Steinen oder alten
Kleidern. Entfernen Sie niemals
solch vermeintliche Verschmutzun-
gen in den Levadas, sonst bringen
Sie das ausgeklügelte Verteiler-
system völlig durcheinander.

Achtlos mit Feuer umgehen

In den Sommermonaten trocknet
die Vegetation selbst auf der sonst
reichlich feuchten Insel oft kräftig
aus. Eine achtlos weggeworfene
brennende Zigarette oder ein un-
sachgemäßes Grillfeuer können
dann eine Brandkatastrophe
auslösen. Vor allem im dünn
besiedelten Westen Madeiras
lodern fast jedes Jahr großflächige
Brände, mitunter noch kräftig
angefacht durch starken Wind.

Distanzen unterschätzen

In Kilometern gemessen weist
Madeira keine großen Entfernun-
gen auf. Doch immer wieder
müssen Schluchten und Berge
überwunden werden. Zwar
nimmt die Zahl der Tunnel ständig
weiter zu, aber vielerorts gilt es
noch, sich auf schmalen, steilen,
kurvigen Sträßchen zum Ziel zu
winden. Nebel, Wegsperrungen,
Felsbrocken (es kommt gerade
nach Regentagen immer wieder
zu Steinschlag!) oder behäbige
Baufahrzeuge stellen oft weitere
Hindernisse dar. Planen Sie
deshalb stets reichlich Zeit
für ihre Ausflugsfahrten ein.

Stöckelschuhe einpacken

Madeira ist kein Pflaster für
Highheels. Steile Anstiege und
Kopfsteinpflaster machen selbst
in Funchal den Bummel zu einem
sportlichen Akt. Geben Sie also
Sneakers den Vorzug vor Riem-
chensandalen oder Pumps mit
Bleistiftabsätzen. Und bei
Wanderausflügen sollten Sie
unbedingt knöchelhohe Stiefel
mit gutem Sohlenprofil tragen.
Die Wege sind mitunter sehr
schmal und ausgesetzt, selten
gepflegt oder gar gesichert, oft
besteht Rutschgefahr.